日本のホルモン料理

大阪・向野に伝わるホルモン料理の数々。中央大皿が「ころ炊き」。以下・時計回りに「やきな」「ミソ」「ミノの湯引き」「センマイの酢和え」（1章 35 頁）

滋賀・末広町に伝わる「ドロ」。牛スジを使った雑炊（1章 40 頁）

奈良・畑中に伝わるホルモンの煮こごり2種と雑炊（1章 43 頁）

三重・松阪「肉道楽 西むら」の「ホルモンしゃぶしゃぶ」（2章 80 頁）

馬肉の燻製・サイボシ。生姜じょうゆでいただく（5章）

油かす創作料理。「かずかず田楽」（右）と「紅白かすがい御飯」（4章 148 頁）

豚の足をじっくり煮込んだアシテビチ。沖縄料理（9章 314 頁）

絶品！　沖縄おばあの味、「中身汁」（9章 320 頁）

大阪「たんや 舌（べろ）」の牛タン刺し身（左）とたたき。美味！（10 章 345 頁）

内臓がたっぷり入った沖縄料理「ヤギ汁」（9章 321 頁）

世界のホルモン料理

牛の脳のタコス「セソス」。
メキシコ料理（6章 197 頁）

イタリア・フィレンツェの名物
「パニーノ」（6章 182 頁）

黄金に輝くはっちゃん、ことハチノス。飲茶の一品（6章 201 頁）

抜群にうまい牛の小腸（コプチャン）
in 釜山。右はテール（7章 242 頁）

内臓各種のオードブル「ネジャンユスク」とスープ「ヘジャンクッ」in ソウル（7章 244 頁）

トレビアーン！　フランスのホルモン料理

（6章216頁）

仔牛胸腺の蒸し煮、プラム風味

仔牛脳のムニエール、サラダ仕立て、
ケイパー風味

牛テールの赤ワイン煮込み

牛胃の煮込み、パルメザン・チーズ風味

仔牛腎臓とキノコのココット焼き、
マスタードソース

新潮文庫

ホルモン奉行

角岡伸彦著

新潮社版

8945

目次

口絵写真▼亀尾美春、角岡伸彦
本文写真▼角岡伸彦

ホルモン奉行

プロローグ　ようこそホルモンの世界へ

大阪市営地下鉄御堂筋《みどうすじ》線・堺筋《さかいすじ》線の「動物園前」駅一番出口を上がり、JRと国道の高架をくぐると、ジャンジャン横丁に出る。ここ、通天閣界隈《つうてんかくかいわい》、通称「新世界」はオヤジたちの楽園である。昼間からカラオケの大音響が聞こえる立ち飲み屋、雀荘、将棋クラブ、串《くし》カツ屋などの店舗が並ぶ通りを抜けると「新世界名物ホルモン煮」と書かれたビニール製のひさしが見える。「煮込ホルモン」「ホルモンうどん・そば」「ホルモントーフ」などと染め抜かれた暖簾《のれん》をくぐると、十人座れば満席のカウンターで、ホルモンを肴《さかな》にオヤジたちが昼間から酒を飲んでいる。

丸椅子《いす》に座る。有線放送から演歌が流れている。振り返ると、壁にはメニューをはさんで両脇に三色刷りの映画ポスター。成人映画もあれば勝新太郎主演の旧作もある。

ホルモンと泡盛を頼む。牛の腸と肺の煮込みに、たっぷりの青ねぎがトッピングされて出てくる。しょうゆ味がしみこんだ、ふわふわのモツが、私の胃に吸い込まれていく。うーん、満足じゃ、満足じゃ。ホルモンスープ、ホルモントーフ、ホルモンうどんを次々と頼む。まさにホルモン三昧。値段はいずれも四百円で、どれにも腸と肺が入っている。同じ大鍋からモツを取り出しているから、何を食べても具と味付けは同じ。それでも飽きないから不思議だ。すみませーん、泡盛おかわりお願いします。すすけた店内が歳月を感じさせる。「ごはん始めました」と書かれた紙が茶色に変色している。「いつ始めてん！」と一人でツッコミを入れる。何十年も変わらないであろうたたずまいの中にいると、自分がじわりじわりと新世界の風景に溶け込んでいくような気がしてくる。ひたすらホルモンをかきこみ、泡盛をあおっていると、気が付けば一時間が過ぎていた。ホルモン世界にたっぷりひたった後、上機嫌で店を後にした。

ホルモンという言葉で何を思い浮かべるだろうか。何も思わない？　それは困ります。関東では牛や豚の腸のみをホルモンというが、関西では内臓全般、さらには頭部や足やスジも含めてホルモンと称する。つまり、ロースやヘレなどの正肉《しょうにく》以外のすべてを指す。本書ではタン（舌）からテール（尾）まで、より幅広くとらえ、関西風にホルモンという呼称を採用した。あまり注目されることのないそれらホルモンの歴史や各地の調理法、さらにはホルモンの社会的位置、文化的背景などについても探っていきたい。国内外のいろんなホルモン、料理がたっぷり出てきます。本邦初、正真正銘、ホルモンだけしか書いてない！　ってそんなに力んでもしょうがないか。

「まずは肉を入れて、次に野菜。あ、それはまだ煮えてない！　勝手に食べない！　はい、これはＯＫね……」

鍋を囲むと、妙に張り切って指図する人間がいる。こういう人を「鍋奉行」という。ホルモンも同様、講釈をたれるのがいる。名付けて「ホルモン奉行」。でも、部位にしろ調理法にしろ、知らないことが多い。ホルモンは奥が深いのである。そこで未熟ではあるが、この私が奉行になったつもりでホルモン道を案内しようと思う。

さあ、いざホルモンの世界へ。

1

牛の巻

其之壱・郷土料理編

ホルモンは人生の味？

多くの人がホルモンと出会うのは、焼肉屋であろう。そのホルモンは、歴史的に見て在日韓国・朝鮮人との結び付きが強い。

在日朝鮮人二世で滋賀県立大学の鄭大聲《チョンデソン》教授は、戦後間もなくの現・JR京都駅周辺を次のように語る。

「僕が小学校六年生のときに戦争が終わるんだけど、あのころは八条口のあたりは闇市だった。僕は自分の目で見てる。物価統制時代に何でも売ってた。そこで一番流行《はや》ってたのが朝鮮食堂だった。東九条と八条に朝鮮人がいっぱい住んでた。その人たちが牛の内臓を焼いて食べた。それを僕は『家で食べてるものが商売になるのか』という感覚で見てましたからね。売ってたのは内臓です。当時は正肉《しょうにく》を売ると取り締まりの対象になった。内臓は対象外。それはもう、飛ぶように売れた。それで儲《もう》けた人が焼肉屋を始めた。焼肉屋は内臓を売ることから始まったんですよ」

今でも京都駅周辺を「闇」「闇市」と称する人もいる。年輩の人の記憶の中には、猥雑で活気があった当時の闇市の風景が、しっかり残っているのだ。

それから半世紀あまり――。

JR京都駅のすぐ南。ぶらぶら歩くと風に運ばれた焼肉の香ばしいにおいが鼻をくすぐる。ここ、東九条には、多くの在日韓国・朝鮮人が在住している。東九条に住む編集者が調べたところ、自転車でぐるっとまわって十分くらいのところに、なんと十九軒の焼肉屋があったそうな。こんないっぱいあって儲かるんかいな、と思うほど多い。「生ホルモン」の看板を掲げたホルモンのみを扱う専門店も三軒ある。これはもう〝焼肉タウン〟〝ホルモンタウン〟と言うしかない。この街で育った在日韓国人二世の姜正順《カンジョンスン》さんは、在日とホルモンの関係について次のように語る。

「たいがい韓国の人はアンコツバキでしょ。はよ言うたら土方や。雨が降って仕事にあぶれたら、みんなお金を出しおうてホルモンを食べはった。今は日本の方が食べるから値段が上がったけど、昔なんか二日にいっぺん食べたくらいやわ」

以前は路地や畑のわきで仲間や家族が集まって食べることが多かったという。自家製のタレに漬け込んで、炭火で網の上で焼いて食べるホルモンが一番おいしいんよ、と姜さんは力説する。

同じく東九条で生まれ育ち、地元にある「希望の家保育園」の園長をつとめる在日二世の崔忠植《チェチュンシク》さんにとってホルモンは、人生のいろんな味が混じった食べ物である。

「ホルモンは、朝鮮人そのもの、という感じがするんですね。僕は小学校時代に無茶苦茶差別され、いじめられたから、自分が朝鮮人であることがいやだった。だから通名で学校に行ってました。ホルモンは当時はトンチャンと呼んでたんですよ。トンは糞《くそ》、チャンは腸のことです。そのトンチャンを食べるときはね、やっぱり自分は朝鮮人や、という思いをさせられた。いじめられて泣いていやでたまらん朝鮮人を思い出させるひとつの食べもんやった」

通名時代は朝鮮人であることを隠すため、日本人の友人を絶対に家には呼ばなかった。大学入学を機に本名を名乗り、一転して今度は家に友人を呼び、月に一度は「トンチャンパーティー」を開いた。一九六〇年前後の話である。パーティーでは、母親が味噌、唐辛子、塩で揉みこんだテッチャン（大腸）をバケツにぶちこんで炒めた。友人たちはその豪快さに、最初は度肝を抜かれたが、濛々《もうもう》と上がる煙の中で「これはうまい」と口々に言いながら初めてのホルモンをむさぼった。崔さんのホルモンの思い出は、祖国とおふくろと、ほんのちょっぴり涙の味がする。

日本人とホルモン

ここで日本人とホルモンについて考えてみたい。

まずは食肉の歴史に明るい部落史研究家の臼井寿光さんにご登場願おう。

「歴史的には利用法として肥料が一番多かったんじゃないかな。どんな肉でも腐ったらいい肥料になりますから。明治初期に愛媛の宇和島藩の下級武士に聞き取り調査をした記録があって、そこには牛が死んだら必ず肥料にしていたという記述がある。肥料以外では、例えば牛の胆嚢《たんのう》の中にできる胆石、牛黄《ごおう》は漢方薬として重宝された」

ちなみに牛黄は、現在、栄養ドリンク剤にも入っている。

先日、二日酔いの日に飲んだ、ゼリア新薬工業の「ハイゼリーV」の成分に「ゴオウ抽出液」があった。同社に問い合わせると、ブラジルから輸入したものを磨《す》り潰《つぶ》して入れているという。血液の循環をよくする効能があるそうで、他の栄養剤にも使用されているらしい。牛黄君、長い間、ひそかに大活躍してたんですね。

で、臼井さん、内臓はいつごろから食べられていたんですか？

「史料的にはっきりしとるのは、文化文政年間（一八〇〇年代初頭）の畿内かな。ある男が牛を密殺するんやけども、胃だけを指定して三百文で買って帰ったという記録が残ってる。内臓の部分の呼称が書いてあって、それを売買していたということは食うてたわけや。肥料にするんやったら、腸とか肝臓とか、どこの部位を使うかはあまり意味がない。目方だけでええわけやから。ただ、どんな食べ方をしていたかまではわからん。わからんなあ」

料理法などに関する資料は見たことがないという。だが、少なくとも江戸後期に日本人がホルモンを食べていたことは十分に考えられる。

明治期にもホルモンは食べられていた。

一九〇二（明治三十五）年、『大阪毎日新聞』の連載「一種の社会」に、大阪の西浜部落（現浪速区《なにわ》）の長屋の食生活が描かれている。

「日々の食物は南京米《ナンキン》の粥《かゆ》に例の屠牛《とぎゅう》の骨や内臓などをブチ込んで漸《ようや》く露命を繋《つな》いでいる」「決して真正の肉ではない。屠畜場から殆《ほとん》ど無代《ただ》の様な値段で買込み来る牛の皮或《あるい》は内臓と、時には犬猫のそれを混合煮《ごったに》とする」

いやはや、なんとも豪快な食べ方である。いずれにしても、大阪の極貧の被差別民衆にとって、ホルモンは身近な食材だった。

ところが戦後になり、一部の在日韓国・朝鮮人の文化人が、ホルモンは日本人は食べなかった、捨てていたと言い出した。大阪弁の「ほってしまうもの」つまり「放るもん」がホルモンになった、というわけである。

『差別　その根源を問う　下』（野間宏・安岡章太郎編、朝日選書、一九八四年）で、詩人の金時鐘《キムシジョン》氏は次のように発言している。

「いわゆるホルモン料理。これは決して英語じゃなくて、大阪弁の『ほってしまうもの』、つまり捨ててしまうものの大阪弁である『ほるもん』が定着した〝朝鮮人語〟なんですよ。屠殺場で捨てられる内臓、頭などを、飯場住まいの同胞たちがもらい受けて食していたものです」

あるいはまた、土に埋めていたのを掘っていた、「掘るもん」からホルモンという言葉が生まれたという学者もいる。『食べて知る韓国』（柳尚熙《リュウサンヒ》、毎日新聞社、一九八八年）には「日本人が食べないで土に埋めて捨てたものを、（在日韓国人が）掘って持ってきたから『掘りもの』になり、やがて『ホルモン』になった。理屈に合う話です」と記されている。在日韓国・朝鮮人はもとより日本人も「実はホルモンという言葉はな……」とこの〝学説〟を説くものが少なくない。

私は「大阪生まれ　ホルモン焼き」と大書されたトレーナーを持っている。〇九年に大阪市内で買った。仏像が「美容にもよいのじゃ」と語りかけ、「誕生秘話」として「捨てるもの　ほるもの　ホルモン」とプリントされている。こうやって俗説が広がるわけである。

調べてみると、明治時代から焼肉（ホルモン焼）が普及するつい数十年前まで、食べ方を知らなかった地域では、ホルモンが埋められたり捨てられていたという事実はあるにはある。例えば、江戸後期の文久二（一八六二）年の『横浜ばなし』には、

「今日のごとく、骨の間の肉まで削《そ》ぎ取るごとき器用なことなく、ほんの上肉だけを取り、残余はみな土中深く埋め、後お経を上げるといふ始末なりき」との記述がある。

しかし、これらが普遍的におこなわれていたわけではない。

そこで私は、兵庫県姫路市在住のホルモン事情に詳しい平山富幸さんに話をうかがった。

「ホルモンは、わしがオギャアと生まれたときから食うとったよ。スジ、ハラミ、……まあわしらはサガリ言うんやけどな……それにツラミ（頬肉）、タン、肝、心臓、そんなんはよう食いよった。十代のころ、母親と一緒に自転車でホルモンを同和（被差別部落）と朝鮮部落に売りに行きよった」

つまり、在日韓国・朝鮮人だけでなく、被差別部落でも食べられていたわけである。

被差別部落とは、主に中世以降の賤民《せんみん》（エタなど）を祖先にもつとされる人々の集住地域をいう（以降、本書では被差別部落あるいは部落、ムラと表記する）。賤民やその系譜をひくとされる部落民、部落出身者は、さまざまな職業に就いたが、そのひとつとして今でいう食肉解体業を担《にな》ってきた。考えてみれば、もともと屠場の多くは被差別部落にあったわけだから、地元で食べられていてもおかしくない。いや、食べられないほうが不自然だ。

わたくし、ホルモン奉行も兵庫県加古川市の部落で生まれ育った。そこでさっそく両親に話を聞いた。

母親「ここにも戦前からホルモンは週に二回ほど来てたで。むかし、競輪の選手やってた女の人と、男前の人が自転車で売りに来よった」

父親「竹で編んだ籠《かご》に積んでな。牛の腸は、生のと湯がいたのがあった」

母親「ホルモンはな、昔はナカノモンと言うてた。ホルモン言うようになったんは、一般の人が食べだしてからやな。焼肉屋ができてからや」

「一般の人」というのは「部落外の人」という意味である。なるほど、部落では昔からホルモンを食べていたわけだ。わが故郷では、ホルモンは焼肉屋が開業し始めてから広まった言葉だった。その前はナカノモンと呼んでいた。ナカノモンとは、牛の体内にある「中の物」から来た言葉であろう。

平山さんにも、ホルモンという言葉が使われる前は何と呼んでいたのか、いつごろが境目になったのかを聞いた。

「わしらが小さい時分はナカノモン言いよったで。ほで（それで）、いつとはなしにホルモンになった。そうやなあ、四十年か五十年ほど前やろ。焼肉屋ができ始めたころやな。わしは韓国の人（在日韓国人）から聞いたで。それでホルモンいうたらナカノモンやいうのがわかったわけや」

私の実家と平山さんが住む姫路は、数十キロ離れている。二つの地域のホルモン呼称事情は非常に似通っている。

奈良市内の部落でも、その昔はホルモンとは呼ばなかった。五十代半ばのある女性は次のように語る。

「私らはホルモン言いますけど、七十歳以上の人はナカノモンと言うてはった。私が子どもの時分、部落の中にあるお店に、『ナカノモン、買いに行こう』ってよう言うてはったわ」

七十歳以上といえば、戦前に生まれている。私の父親が一九三二（昭和七）年生まれだから、少なくとも兵庫県と奈良県では、戦前はナカノモンという呼称が使われていた。

ホルモンはよく食べられていた

一九五〇年代初頭の奈良の被差別部落の様子を描いた『部落の女医』（小林綾、岩波新書）には、部落の食生活が次のように記されている。

「細い道にはチバのくずが散らばったり積み上げられたりしていました。数少ない共同便所で、しかも畠《はたけ》の少ないこの村では絶えず下水も便所も道にあふれて、まるでチバの堆肥《たいひ》を作っているようでした。

女の人達は食事の用意をするひまも惜しんで編みました。だから村の食べ物屋では、天プラやぬかみそ漬など、インスタントなものがよく売れます。野菜を洗う手間が惜しいので、牛の内臓と豆腐のすき焼か天プラで、ほとんど野菜のない食事をしていました」

「牛の内臓」とは具体的にどこの部位かは書いていないが、この文章からも、当時、ホルモンが部落で常食されていたことがわかる。

『食肉の部落史』（のびしょうじ、明石書店）にも、一九五〇年代の兵庫県新宮町（現・たつの市）仙正《せんしょう》のホルモン料理が登場する。のび氏の父親は、ホルモンの行商人。屠場をもつ部落の食生活を、次のように描いている。

「臓物が売れ残って余ると、親方から借りているのだけれども返すことはできず、すべて引き取らされる仕組みだから、そのまま持ち帰って炊《た》いた菜っ葉に入っているか、年に数度は太ヒモ（大腸）やニノ（胃）の入ったスキヤキとなった」

太ヒモはテッチャン、ニノはミノ（牛の第一胃）のこと。地方によって呼び方が異なる。仙正では、これらがすき焼きの材料に使われていた。

このように部落ではホルモンを煮炊きすることが多い。のび氏から直接聞いたが、仙正ではホルモンを焼いて食べる習慣はなかったという。

ではホルモンという呼称はどこから来たのか。

ある言葉がいつごろから、どのようにして広まったのかを検証するのは難しい。実はこれ、〝ホルモン注射〟や〝男性ホルモン〟などと現在も使われているドイツの医学用語からきたのではないか、という説が今のところ有力だ。

『焼肉の文化史』（佐々木道雄、明石書店）によれば、一九二〇年代末にはすでにホルモン料理があったという。ただし、卵、納豆や山の芋、動物の内臓など、要するに精力のつく食材を使った料理をそう呼んでいた。ここでいうホルモンとは、医学などで使われる内分泌《ないぶんぴつ》物質のことである。ホルモンが動物の体内で諸器官にさまざまな作用を促進することから、精のつく料理と結びつけられたようだ。三〇年代半ばには、獣や魚の内臓を使ったものだけをホルモン料理と呼ぶことが提唱された。三〇年代後半に大阪の洋食屋が牛の内臓を使った料理をホルモン料理と称して売り出し、人口に膾《かい》炙《しゃ》したことから「ホルモン＝内臓」「ホルモン料理＝内臓料理」という図式が定着していったという。ちなみに前掲書は、ホルモンや焼肉の歴史に実証的に迫った好著である。

いずれにしても「日本人は食べなかった」「放るもんだった」「掘るもんだった」というのは正確ではない。これまで見てきたように、どの部位も、昔からけっこう食べられているからである。

現に部落によっては、さまざまなホルモン料理が伝えられている。

大阪・向野《むかいの》のホルモン料理

大阪・羽曳野《はびきの》市の向野は、少なくとも江戸末期には牛馬の治療と斃牛馬《へいぎゅうば》の処理がおこなわれていたことが地元の史料に記録されている。地域に屠場があるため、牛のホルモンを使った料理が豊富で、その数は十種類を超える。私はここ、向野を〝ホルモン料理の聖地〟と勝手に呼んでいる。

向野の郷土料理をつくる飯野靖子さん

料理は能書きよりも、まず味わうに限る。そこで、内臓洗い、肉屋の店員などを経験し、肉はもとよりホルモン料理にも詳しい向野在住の飯野靖子さんに自宅に来てもらい、つくっていただいた。飯野さんによると地元の屠場でも屠畜数が減っているため、肉の街・向野でも内臓が手に入りにくいという。材料は、編集者の実家（焼肉屋）が仕入れている業者に頼んだ。「フク（肺）を百グラム単位で注文したら『そんな少ない量では買えへん。フクは一つ、二つという単位で注文すんや』と父に言われた」

編集者が苦笑いしながら、フク、ハチノス（第二胃）など一頭分計四、五キロを持ってわが家に現れた。

午後三時ちょうどに料理スタート。つくってもらうのは、センマイ（第三胃）の酢和《あ》えとミノの湯引き、内臓五種類のころ炊き、スジを煮込んだ「やきな」、ミソ（雑炊）の五種類である。料理をする人によって微妙に味付けが異なるので、以下は飯野流向野料理ということになる。

＊

まずは酢和え用のセンマイを湯通しし、灰色の表皮をおたまでこそげ取る。次第に乳白色の地肌が見えてくる。

ころ炊きはミノ、センマイ、ハチノス、アカセン、フクを使った料理。ちなみにアカセンは四番目の胃である。関東などではギアラと呼ばれる。それぞれ一口大に切っていく。フク（肺）は固い血管が通っているので取り除く。「フクは赤味があって肉厚なのがおいしいんですよ」と飯野さん。一頭分ともなると数キロはあるため、テンプラ用にも切り分けてもらう。

料理を始めて三十分。だんだん包丁が切れにくくなってきた。「こうしたらよく切れるんですよ」と飯野さんは皿の裏で包丁を研《と》ぐ。

大鍋にフク以外を入れて煮込む。あれ、フクは?

「最初に入れると爆発するんですよ。そのあと、お母さんに怒られた子どもみたいにシュン太郎になるんです」

その後、フクを入れると、確かにみるみるうちに大きくふくれて鍋からあふれそうになった。灰汁《あく》をいっぱい出したあと、徐々にしぼんで小さくなった。「爆発」に「シュン太郎」。うまいこと言うもんだ。

＊

次にとりかかったのがミノの湯引き。最近の牛は消化のよい濃厚飼料で育つため、ミノが発達せず薄っぺらいが、この日、持ち込まれたブツは実に立派である。そいつを繊維に沿って千切りにして湯通しし、氷水にとる。とたんにミノは、くるくると縮み、薄桃色が白く変わる。大変身。あとは水分をふきとって器に盛る。量があまりにも多いのと上ミノだったので焼肉用にも切り分けてくれる。その際、食べやすいようにちょんちょんと隠し包丁を入れる。「こうやったらお年寄りでも食べられるんですよ」と飯野さん。なるほど。

＊

料理は次々と手際よくできあがっていく。やきな用のスジは灰汁を取り除きながらグツグツ煮る。この日は一時間ほど火にかけた。

「このスジを五センチくらいに切って串《くし》に刺してよく売りに来てたんですよ」

飯野さんが懐かしそうに言う。このスジを使って土手焼きもつくれるんですよ、と教えてくれた。スジと白味噌《みそ》、砂糖、塩少々にみりんか酒を入れて弱火で煮込む。土鍋の鍋肌に味噌を塗る。鍋の土手に塗るから土手焼きと命名された由《よし》。味噌が焦げてきたらスジと一緒に食べる。ちぎりこんにゃく、タケノコなんかを入れてもいい。聞いただけで食べたくなってきた。

頭に浮かんだ土手焼きを振り払い、やきなモードに戻す。柔らかく茹《ゆ》で上がったスジは、熱いうちにしょうゆとみりんをからめる。好みで生姜《しょうが》汁、一味唐辛子をふりかける。

＊

次にセンマイの酢和えにとりかかる。地元では「すーあえ」と発音している。和え物料理は各地にあるが、肉の街・向野ではホルモンを使う。「結婚式の祝い膳《ぜん》ではよく出てくるんですよ」と飯野さんは言う。かつては結婚式ともなると玄関先や路地でドラム缶で薪《まき》を燃やし、身内や近所総出で料理をつくったという。

「今は結婚式はホテルや式場でしますけど、結納は家ですることが多いんです。そのときにホルモンを使った料理をみんなで寄ってつくるんです。身内でだれか一人はつくれる人がいます。私は見よう見まねで料理をおぼえました。だから調味料がそれぞれどれくらいの分量か、言えないんですよ」

ジャージ姿のホルモン料理の鉄人はそう言うと豪快に笑った。

酢和え用のわけぎは、塩を入れた熱湯にくぐらせ、三センチ幅に切り、ふきんで固く絞る。合わせ調味料（すりつぶした黒ゴマに白味噌、酢、みりん、砂糖）にわけぎと千切りしたセンマイを入れて、はい、酢和えのできあがり。

＊

ホルモン料理入門講座の終盤はミソ。この料理のポイントは油かすである（販売元は巻末参照）。牛の小腸を油で揚げたもので、こいつがなかなかいい仕事をする（四章で紹介）。馬蹄《ばてい》形の油かすの内側、脂《あぶら》の部分は包丁で取り除く。この脂を焼き飯やお好み焼きに入れるとぐんとコクが出て美味しい。油っこい料理がお好きな方は取り除く必要はない。

洗った小米《こごめ》（くだけた米）をたっぷりの水で粘りが出るまで炊き、そこに一口大に切った油かす、太めに千切りした大根と小芋を入れ、しょうゆ、塩、みりんで味付けする。この日は小米が手に入らなかったので普通のご飯を入れた。しょうゆは色が濃くならないように薄口を使う。

なんともいい香りがしてきたところで、小麦粉を水で溶き、ニンジンのみじん切りに塩を加えた団子を入れる。「団子が多いほうがおいしいですよ」と鉄人。ご飯が焦げないよう、鍋の底をときどきまぜる。味がととのったら白菜を入れてできあがり。

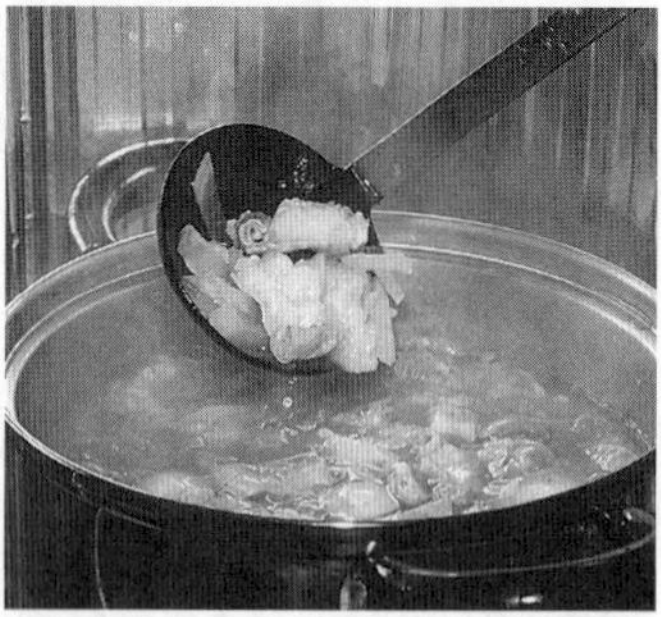
調理中の「ミソ」。油かすがこの料理のミソ

＊

料理を始めてから二時間。立ちっぱなしで膝《ひざ》ががくがくしてくる。見守る編集者と嫁はんは、最初ははしゃぎ気味だったのに無口になっている。飯野さんは私の質問に答えながらてきぱきと働く。

料理のしめくくりはころ炊きの味付け。一時間半ほど煮込んだホルモン五種類の煮汁を捨てる。そこへ砂糖、しょうゆ、酒を入れて火にかける。グツグツという音とともにしょうゆの焦げる香ばしいにおいが部屋中に広がる。

「あー、いいにおい」

疲れて無口になっていた嫁はんが急に元気になった。ゴールが見えてきたからか。急に手伝いだした。ところが鍋の取っ手が使いすぎて焦げていたためポロッと落ち、鍋をひっくり返してしまった。完成間近のころ炊きが床に……。嫁はんが泣きそうな顔をしている。

「いいですよ。気にしないで」

飯野さんはそう言うやいなや、ホルモンを洗って味付けし直してくれる。優しい鉄人。がさつな嫁。

味付けし直したころ炊きは、最後に塩をぱらぱらと加え、強火で鍋をゆすりながら、水分をとばす。鍋いっぱいのモツに食欲がそそられる。

三時間弱で五品が完成。さていよいよ待ちに待った試食だ。

感動の大試食会

＊センマイの酢和え（以下全五品、口絵で紹介）

センマイのややワイルドなザクザク感と黒ゴマと味噌のマイルドな味が奇妙に合う。実家が焼肉屋の編集者が一言。「これ、うちの店でも出したいわあ」

＊ミノの湯引き

ミノはホルモンの中でもどこか上品な感じがする。湯引きすると生臭さはきれいに消え、ポン酢と見事にマッチする。ミノファンが増えること間違いなし。

＊やきな

スジは煮込むと本当にうまい。柔らかくて、なおかつ芯はコリコリしていて、料理は時間と手間をかけることが肝要であることを再認識。生姜汁がまた合うんだな。死ぬ前に思い出しそう。後日、余ったスジでカレーをつくった。嫁はん曰く、「あー、気が遠くなりそう。スジは偉大やなあ」

＊ころ炊き

これはまさにホルモンを知り尽くした料理。長く煮込むとこんなに柔らかくなるもんですねえ。甘みがあって食べ出したら止まらない。「あたし、アカセンが好き」という編集者の一言で、嫁はんがしきりにアカセンばかりを食べていた。私も一口。確かに、確かに。大量につくってもらったので、一週間食べ続けたが飽きなかった。余ったフク（肺）は小麦粉をつけてテンプラにした。時間が経つと味わいは半減する。

なんといってても揚げたてがお薦め。

＊ミソ

野菜、団子、ご飯のうまみを油かすが引き立てている。油かすさまざまである。食材の組み合わせ、それぞれの食感、味わい。一言でいうと絶品。編集者も嫁はんも「おいしい」を連発。また、それしか言わない。これはすごい料理です。

Let's cook 1

向野の郷土料理「ミソ」に挑戦

●材料（4～5人分）

水　1400～1500cc

油かす　50g（あっさり風味がお好みの場合は、脂の部分を包丁で取り除いておく）

小芋　3～5個（L寸）

大根　　3分の1本程度（太めの千切り）
しろ菜　約100〜150g（3分の1〜2分の1程度）
（水菜でもOK。ただし、白菜は水っぽいのであまり合わない）
米　　本来は小米を使用するが、ない場合は、一合ほどの洗った米をすり鉢でくだく。あるいは、冷飯で代用（茶碗に軽く2杯程度）。その場合、さっと水洗いしておくと、ぬめりがあまり出ない。

〈団子〉
小麦粉　100g
水　50〜60cc（少しずつ加え、耳たぶより少し固いぐらいにする）
ニンジン　適量（みじん切り）
塩　少々

〈調味料〉
しょうゆ（薄口）　50cc
みりん　30cc

塩　ふたつまみほど

※以上の分量は、編集者試作によるものです。適宜お好みでアレンジしてください。

●作り方

① 水が沸騰《ふっとう》したら、一口大に切った油かすを入れ、中火で約7〜8分（小米を使う場合、この段階で入れておく。）

※注意！ 米が底に沈むため、鍋底が焦げやすいので、底からよくまぜること。

② 油かすが柔らかくなったら、一口大に切った小芋と、太めに千切りした大根を入れ、中火で7〜8分。

③ 材料に火が通ればしょうゆ、みりん、塩で味付け。材料をこね、一口大にかたちを整えた団子を鍋に入れ、固まるまで弱火で煮込む（冷飯を使う場合、この段階で加える）。

④ 火を止める直前に3〜4㎝ほどに切った、しろ菜を軸、葉の順に加える。一煮立ちしたら、できあがり。

※量が多い場合、団子は別に茹でておいてもよい。その場合は、④の段階で加える。

滋賀・末広町のスジ雑炊

大阪・向野のミソに似た料理が滋賀県近江八幡市《おうみはちまん》にもあると聞き、さっそくホルモン奉行は出張した。県内に二カ所ある屠場《とじょう》のうちのひとつが末広町にある。スジを使った雑炊で、その名は「ドロ」(口絵で紹介)。

「なんでこんな名前がついたんか、私らもようわかりませんねん」

長谷川靖子さんはそう言って、どんぶりいっぱいによそってくれた。長谷川さん宅の台所で、まさにつくり立てをいただいた。雑炊だからドロッとしている。だからドロなのか? なんかそのまんまの気がする。ニンジンや小芋、それに小米も入っているが、やはりホルモン奉行の目には真っ先にスジが飛び込んでくる。スジといっても見た目は肉みたいだ。

話を聞くのはあとにしてまず一口。上品であっさりしたスジのダシが口に広がる。うん、小粒の小米とスジのアンサンブルがいい。スジは申し分なく美味しい。でも、この雑炊の主役はやっぱりスジでとったスープである。いくらでも箸《はし》がすすむ。半分ほど平らげたところで、忘れそうになった取材を再開。

ドロの特徴は、大阪・向野の雑炊、ミソと同じく小米を使っているところにある。

炊《た》く前のそれを見せてもらったが、普通の米粒の半分くらい。精米するときに出たお米のかけらだ。私が住む大阪市内の近所の米屋には売っていなかった。店の主人は「鶏のエサにしとるんと違いますか」と言っていた。それにしても部落の人たちは、牛にしろ、米にしろ、食べ物を無駄にしない。「生活の知恵やと思いますわ」と長谷川さんは言う。部落の料理を知り、また味わってみると確かにそう思う。

さて、生活の知恵の結晶であるドロのつくり方は以下の通り。

ドロドロになるまで煮込んだ「ドロ」

スジを水から入れ、灰汁を取りながら十分あまり湯がき、一口大に切る。湯がくと油っこさが取れる。小芋、ニンジン、水菜、大根と小米を入れ、量によって三十分から一時間弱炊く。かなり大きな鍋でも小米は三合ほどで充分。薄口しょうゆ、みりん、砂糖少々で味付けし、火を止め、十分から十五分間蒸らす。

「このスジはね、サーロイン（牛の腰の上部、ステーキに最適）付近のアマスジという部分なんですよ。アキレス腱《けん》と違います。あれは固いですからね」

長谷川さんがドロのうまみの秘密を教えてくれた。

なるほど、スジはスジでも、ピンからキリまであるのだ。「この前、スジを入れたカレーつくったんですよ」と調子に乗って長谷川さんに言うと「うちはカレーにはサーロインを入れるんです」と返された。なんでも妹さんが肉屋をしていて肉には不自由しないという。何もサーロインをカレーに入れんでもと思ったが、これはもう文化の違いと言うしかない。悔しい……。

大阪・向野の場合、雑炊（ミソ）には油かすを入れたが、末広町ではあまり油かすを食べない。長谷川さん夫婦は、結婚して大阪市内の浪速区に住んだが、そこで初めて油かすを食べたという。部落によって食文化は違うものである。

「これも食べますか？」

ドロ取材が一段落するとテールスープ（牛のしっぽのスープ）が出てきた。食べない理由がない。編集者と一緒にさっそくいただいた。実にあっさりしていて、なおかつテールの濃厚なうまみとコクが舌にしみこむ。八時間から十時間ほど煮込み、その間、二度お湯を替え、脂分を落とした上でしょうゆとみりんで味付けするのだという。野菜も何も入れないから「テールだけで勝負しました」という気合が伝わってくる。編集者は「こんなの食べたことない」としきりに感心し、おかわりしていた。しかも、どんぶりいっぱいのドロを食べたあとに……。細身の女性なのだが、時々びっくりさせられる。

それにしても末広町の料理は、ドロにしろ、テールスープにしろ、驚くほどあっさりしている。もちろん長谷川さん流の味付けであるが、これが肉料理？　と疑いたくなるほどだ。

「また、いつでも来てくださいよ」

そう言われて、長谷川さん宅を辞したが、体だけでなく、なんだか心もあったかくなった気がした。

奈良・畑中《はたけなか》のホルモン雑炊&煮こごり

すぐ近くで踏切の音が聞こえてくる。

ＪＲ関西線沿いにある奈良市畑中町、佐保人権文化センターで、平日の午後、地元の女性二人にホルモン料理をつくってもらった（口絵で紹介）。

油かす入りの雑炊に、牛足スジとハチノス（牛の第二胃）の煮こごりは、ここ畑中では昔から食されている伝統料理だ。滋賀・末広町の雑炊にはスジ、大阪・向野のそれには油かすが入っている。畑中の雑炊は、油かす入りだが、味付けが違う。味噌《みそ》を使うのだ。

この日は約十人前をつくってもらった。米一合半を大鍋で炊き、米がふくらんできたところに一口大に切った小芋、油かす、味噌を入れて煮込む。仕上げにサラダ菜と白菜を足して二で割ったような野菜「まな」(私は初めて見た)を放り込む。この「まな」、なんでも冬しか出回らない野菜だとか。生のまま食べてみたが、これといった味はない。これがない場合は、ホウレン草か水菜を加える。最後に薄口しょうゆ少々を足す。

「こんな料理を今の若い人は、つくってはるんですか?」

私の質問に、地元住民で同センター嘱託職員の垣外《かいと》中《なか》文子さんが答えてくれた。

「親がつくったのを食べてるくらいです。ここでは、油かすとナスとそうめんが入った料理もおかあちゃんの味です。小さいときから食べさせてもろてました。ごっつい(すごく)おいしいですよ。ムラの食べもんやと全然、思わへんかった。私はようつくらん(笑)。あたし、全然料理だめなんですよ。つくらないから、食べたなったら親に頼むんです。煮こごりは、親がつくってるのを見てるだけです」

あきまへんがな。伝統料理が途絶えてしまいまっせ。

雑炊をつくるのと同時に、煮こごりの製作過程を見せてもらう。

煮こごりといえば、通常はゼラチン質を多く含んだ魚、例えばカレイやヒラメを煮汁とともに冷ました料理をいうが、ムラでは煮こごりといえばホルモンが使われる。

　垣外中さんの先輩、山岡奈智子さん、玉田佐千子さんが、油かす入りの雑炊とスジ（アキレス腱）の煮こごりを目の前でつくってくれた。

「これが足スジですわ。牛のアキレス腱です」

　玉田さんが、二十センチ以上ある白いアキレス腱を指さした。成人男性の腕の太さくらいあり、白くて美しい。

「これを茹《ゆ》でて沸騰させたのを四、五回、水を替えて柔らかくするんです」

　煮こごりで重要な役割を果たすのがスジだ。ゼラチンを含んでいるので、これなくして煮こごりは成り立たない。要《かなめ》ですな。なんと、スジを下茹でするのに丸二日はかかるという。四、五回、水を替えるのだが、替え過ぎるとゼラチン質が抜けてしまうのでうまくこごらなくなる。その都度、スープの透き通り具合などを見計らいながらおこなうので経験がものをいう作業だ。それにしてもずいぶん、手間がかかる。玉田さんは仕事の合間を縫ってこの作業をしてく

煮こごりを切り分ける玉田佐千子さん

れていた。それを聞いただけで、ホルモン奉行の目はうるうるしていた。

「料理の最初から見ていただいたら、少なくとも丸一日はかかりますわ」

とは、玉田さんの言。

下茹でしたスジを一口大に切り、大鍋に入れ、煮詰める。調味料は薄口しょうゆと粗みじん切りした鷹の爪だけ。

「しょうゆは目分量です。煮詰め過ぎたら辛くなるから。子どもに『味を濃《こう》したらあかんで』『こんな濃いの食べたら病気になる』って言われるんです」

畑中では肉体労働者が多い。塩分等を多く取るので、味付けも濃くなる。

「部落の人は肉体労働者が多いから、全体に味が濃いんちゃいますか」

そう言うと、玉田さんは笑った。部落にも玉田さんの息子のように、サラリーマンが増えているから、味付けは薄くなりつつあるのだろう。

この日は、二キロのスジを調理してもらった。

「ごぼっとたくさん炊くんですよ。人にあげるんが好きやから。『おいしい』って言うてもらったら、つくり甲斐《がい》があります。子どもに『つくるのが多過ぎる。家族の人数を考えてつくったらええのに』って、いつも言われます」

いいじゃないですか。みんなに喜ばれているんですから。

で、玉田さんは、煮こごりの調理法を誰に教わったんですか？

「八十四歳になる親戚のおばさんに昔、よくもらってたんです。うちの母も好きやったから。二十年以上前に親戚のおばさんに教えてもらって、それから自分でも料理するようになったんです。年に何回かつくります。お盆とお正月には必ず炊きますね」

伝統料理は〃ハレの日〃の食べ物でもある。素晴らしきかな、ホルモン料理。

アキレス腱を含めた牛の足を煮詰めて固めた煮こごりは、朝鮮料理にもある。その名も「足餅《チヨッピヨン》」。宮廷料理なんだそうな。あちらでは〃高貴なお方〃が食していたわけですな。

「すごい、いいにおいしてます」

編集者が鍋をのぞき込んで笑みを浮かべている。

一時間弱煮込むと、水分がひたひたになるくらい煮詰まってきた。それからまた弱火で五、六時間じっくり煮込む。

「これを冷まして冷蔵庫に入れるんです。冬やったら、一時間くらいでこごるんですよ」

煮こごりのプロフェッショナル、略して〃煮こプ

ハチノスの煮こごり。おみごと

ロ〟の玉田師が語る。

煮こごりには、ハチノス、スジ、ミノ（牛の第一胃）、フク（肺）などを一緒に入れた豪華版もある。以前に玉田さんの息子さん、崇二《しゅうじ》君に、母親がつくった豪華版をもらって食べたことがある。それはもう、超一流のソリストが集まって合奏したみたいな、堪《こた》えられない一品でしたね。料理もまた、それぞれの味（音色）を生かした音楽なんですね。その秘訣を追求すべく、お邪魔しておるわけです。

ハチノスの煮こごりは、まずハチノスを丸ごと下茹でする。これもスジと同じく、二、三回、水を替える。柔らかくなったハチノスを一口大に切り、下茹でしてあるスジと一緒に、薄口しょうゆと鷹の爪を入れて二、三時間、じっくり煮込む。

ハチノスの煮こごりは、すでにつくってくれていて、アルミホイルに包まれていた。我慢ができないのか、編集者がアルミホイルをはずして完成品を鑑賞している。固さを確かめるべく、箸で、つんつん、つついたりなんかしている。早く食べたそう。焦《あせ》らない、焦らない。

腹いっぱいで幸せいっぱい

調理室から和室に移り、畑中の伝統料理、三品を味わう。固められた煮こごりは、約二センチに厚切りされている。食べごたえありそう。

　私もいろんな場所でホルモンの煮こごりを食べてきたけれど、ここのはやや固めにこごらせているのが特徴。黄金に輝く二種類の煮こごりを見た編集者が驚きながら言う。

「フランス料理みたいですねえ」

　牛タンなどをゼラチンで固めた料理、テリーヌのことを言っているらしい。

　スジとハチノスの煮こごりでは、見た目はスジが美しいんですが、ハチノスのほうがスジより食感があっていいですな。より多くのホルモンを入れたほうが、いろんな味と食感を楽しめます。

「煮こごりはね、何もつけんと食べるんです。酒の肴《さかな》にもいいし、ごはんと一緒に食べてもおいしいですよ。お酒を飲む人はたまらんでしょう」

　玉田さんの悪魔のささやきが聞こえる。酒飲みの私は、ビールが欲しくてたまらない。

「ビール欲しいな」

　編集者と小声でささやき合う。でも、我慢、我慢。

　私と同じく酒飲みで食い道楽の編集者の実家（焼肉屋「むら瀬」）の主人、小西英夫さんがつくった煮こごりを食べさせてもらったことがある。柔らかくてあっさりしていて、食べ出したら止まらなかった。ロースに付く「アメスジ」を使うという。牛半頭に一八〇グラムしかない貴重な部位である。なんという贅沢《ぜいたく》。おでんに入れると溶けてしまうくらい柔らかいという。その「アメスジ」に、ホルモン各種を入れて煮込み、しょうゆ、みりん、砂糖、一味唐辛子で味付けする。

「注文があったらつくりますけど、手間がかかるし、その割にあまり売れへんから儲《もう》からしまへん」

小西さんは言う。私なら、絶対注文するけどねえ。

この「アメスジ」にテールを入れると、最高の煮こごりに仕上がるという。それにしても、煮こごりひとつとっても、いろんな食材やつくり方があるものだ。

畑中の味噌味の雑炊は、あっさりした味だった。煮こごりを食べながら二杯おかわりした。昼食を食べて数時間しか経っていないのに……。

この雑炊には、そうめんを入れることもあるという。さすが三輪そうめんの産地だけあって、よく料理に使われていますねえ。

和室での試食会に、佐保人権文化センター所長も加わる。

「所長は、ホルモンあきません？　部落に来てるんやから、部落の食文化、食べなさい！」

玉田さんに一喝されている。箸《はし》をつける所長。

「所長、どないでっか、味は？」

私が尋ねると、

「おいしいでんな」

と一言。よく観察すると、ゼラチン質の部分を中心に食べている。ちょっと無理してはるんちゃいまっか？

少し経ってから若手の職員が合流した。

「この方はね、なんでも食べはるし、私らに何でも言いたいこと言わはる」

玉田さんが若い職員を評する。

隣りで見ていると、確かによく食べている。好き嫌いがない人のようだ。煮こごりを何切れも、雑炊を二杯もおかわりしていた。所長ともども奈良市の職員なのだが、いかにも地元に根付いている感じがした。

「あー、おいしかった」

食べ終わると、若い職員はそう言って体をのけぞらせた。いかにも満足そうな表情だ。同感、同感。

腹いっぱい、幸せいっぱいになって、その上、大きなタッパーに入れた煮こごり二種類をおみやげにもらい、私と編集者は帰路についた。

たっぷり入っていたので、私はその後、朝、昼、晩と奈良・畑中に伝わる伝統料理を味わい尽くした。

果報者だなあ、ボクは。

徳島・吉野町の〝ひっかり雑炊〟&センマイ白和《しらあ》え

「うちの地域にはホルモンを入れた、ひっかり雑炊というのがあるんですよ」

徳島県で開催されたある集まりで、同県板野郡吉野町（現・阿波市）在住の森本喜代貴さんが耳寄りな情報を教えてくれた。十日後、再び徳島を訪れた。

七十歳前後のムラのおばちゃんたち三人が、雑炊づくりに腕をふるってくれた。

牛の第三胃のセンマイ、ホソ（小腸）、フク（肺）を柔らかくなるまで下茹でして、イリコ、昆布でとったダシを加える。小芋を入れ、しばらく煮た後、水で溶いたひきわり粉を加える。大麦を挽《ひ》いて粒状にしたもので、地元では「ひっかり粉」という。だから、〝ひっかり雑炊〟と呼ばれる。

ひきわり粉が焦げつかないよう、お玉でゆっくりかき回す。ナスビ、奈良・畑中でも入れた「まなな」を入れ小一時間ほど煮込んだらできあがり。家庭によって、フクを多く入れたり、カボチャを入れたりする。好みで一味唐辛子を加える。

大鍋いっぱいに炊いた雑炊を、味見させてもらう。

口当たりは雑炊と汁の間といった感じ。雑炊は他のムラではご飯や小米が入っているが、ここはひきわり粉。汁をドロドロにさせる役目を担っていて、なおかつぷつぷつした食感で美味。センマイのザクザク感、フクのふわふわ感、ホソのふんわり感も楽しめる。雑炊は通常、しょうゆ味が多いが、ここは奈良・畑中と同じく味噌《みそ》で味付けしている。これがなかなかいけまんねんなあ。私は三杯おかわりしました。

「昔は婚礼のときに、こういう料理が出てました。八十過ぎの人より上の世代ですわ。私らの娘になると、こういう料理のつくり方は知りません。私も昔の味を思い出しながらつくってます」

六十九歳のエプロン姿の女性はそう語った。

雑炊に加え、センマイの白和えもつくってくれた。これは珍しい。

まず、センマイを約一時間半ほど煮込んで柔らかくする。ザルにとってふきんなどで軽く絞って水分を取る。それに、塩で揉《も》んで水洗いしたコンニャクと、水切りしてすり鉢で擂《す》った絹ごし豆腐、砂糖、しょうゆ、すりゴマを入れて和える。

白和えの名のごとく、全体的に白っぽい。センマイがどこにあるのか見えない。ところが口にするとセンマイの独特の食感が確認できる。うまい。あっさりしている。時間をかけて調理すると、ホルモンも上品な味に仕上がります。雑炊&白和えの試食会には、次から次へと地元の住民や町職員が来て、全員が吉野町のムラの郷土料理を楽しんだ。

私だけでなく、みなさんも幸せそうだった。

ホルモンは文化だ

取材を通じ、焼肉か鍋、というイメージが強かったホルモンが、実にいろいろな食べ方をされていることを実感した。おそらく各地に違った料理法があるのだろう。やきなにミソにドロ……。なんでこんな名前なんやろねえ。大阪・向野の飯野さんも滋賀・末広町の長谷川さんもそうおっしゃった。名称の由来はわからないが、代々受け継がれてきたことだけは確かだ。ただ、お二人とも、地元でも料理の仕方を知らない二十代、三十代が増えていることを嘆いておられた。

「三十年後にはドロのつくり方をだれも知らんようになってるかもしれませんねえ」

長谷川さんは、そう言った。

かつては冠婚葬祭であれ、日常生活の中であれ、ムラの人たちは路地や家の前で薪《まき》をくべ、大鍋でホルモン料理をつくった。そうやってつくられ続けてきた料理を味わい、話を聞いていると、わいわい言いながら料理づくりに励むエプロンをつけたおばちゃんたちの姿や、ふうふう言いながら熱々のホルモンを頬張る子どもたちの姿が思い浮かんできた。ミソやドロがあと何十年かでなくなるとすれば、あまりにももったいないではないか。

ホルモン料理は、日常・非日常の風景や思い出がいっぱいつまった在日韓国・朝鮮人の文化であり、部落の原風景でもあるのだ。

2 牛の巻

其之弐・部位編

元祖ホルモニストがいた!!

私の友人に、焼肉が恋しくなったら、たとえひとりでも食べに行く〝猛者《もさ》〟がいる。ぽつねんと箸《はし》をすすめる姿を想像すると、なんとなくうら悲しいが、本人は楽しいらしい。

先日、ある所用で電話したら、

「半年ほど焼肉食べてないねん。今、人生の谷間や」

と嘆いていた。彼にとって人生の山と谷は、焼肉を食べるか否《いな》かで決まるらしい。つい最近、二人で会ったとき、行き先はやっぱり焼肉屋になった。二軒はしごした。

「焼肉屋のうまさは、ハラミ（牛の横隔膜）で決まるんや」

そう言いながら入った二軒の店にハラミはなかった。がっくり肩を落とす彼。それでも半年のブランクを取り戻すかのように、次々と頼んだメニューをむさぼっていた。

そんな焼肉好きでも、毎日食べるとなると話は別であろう。たまに口にするから美《お》味《い》しいのである。

ところがどっこい、世の中にはいろんな人がいる。月に三日以外、毎日ホルモンを食べている人がいた。くどいようだがもう一度書く。月に三日食べるのではない。三日だけ食べない、というのである。

兵庫県姫路市内のとある住宅街。夕方になるとその一角で毎晩、ホルモンパーティーが開かれる。会場となる愛称ヤーさん宅の屋上には、掘りごたつを改造したホルモン専門の卓があり、裸電球の下で四、五人がわいわい言いながらホルモンに舌鼓《したつづみ》を打つ。さすがに冬は寒いので、階下の軒下の玄関前か屋内で炭火を囲む。私も何度かお邪魔したが、すぐ近くの屠場《とじょう》で仕入れたばかりのホルモンの味は格別だった。産地直送というよりも産地で食べているようなものだ。

人数はその日によって増えたり減ったりするが、変わらないのは中心メンバーの二人。ひとりは会場を提供するヤーさん、もうひとりが一章でも登場した平山富幸さんだ。

月に三日だけホルモンを食べないという平山さんは、市内の屠場（食肉センター）で三十年あまり働いてきた。現在もほぼ毎日通う。私の知る限り、毎日肉を見ている人は、ふだんはあまり肉を食べないものだ。私も以前、取材のため食肉工場で一週間働いたことがあるが、四六時中、大量の肉を見ていると、食べる気がうせてきたものだった。ところが平山さんの場合、毎日食べても一向に飽きないという。海外旅行に行くときも、わざわざテールをもって行き、向こうで食べるというのだからすごい。

この本のために存在するような人だ。これはもう〝元祖ホルモニスト〟というしかない。

「七つか八つのおりから屠場に入ってたからね。足もったり腹踏んだりして牛を捌《さば》くのを手伝っとったよ」

屠場の休憩室で平山さんがホルモン人生を語ってくれた。

父親が屠場の職人だった。母親は父親ら職人が解体した牛の内臓を洗っていた。子どものころから父親が持ち帰ってくるステーキやホルモンを食べて育った。うらやましいかぎりである。素封家《そほうか》（金持ち）に生を受けることを銀の匙《さじ》をくわえて生まれてきた、と表現するが、平山さんの場合、さしずめホルモンをくわえて生まれてきたようなものだ。

この平山さん、ホルモン以外の話もやたらおもしろい。小学校三年生で実質中退。そのころから屠場に出入りしていたが、少年時代はケンカっぱやくて、高い塀の中にも入ったことがあり、そこで字を学んだという。独身時代は肉の行商もしたし、プロの犬取りでもあった。結婚後は屠場に勤めるかたわら、焼肉屋、肉屋も経営した。焼肉屋では、もともと人がいいのが災いし、馴染みの客から金をとらないから儲かるはずがない。加えて博打《ばくち》にも目がなく、閉店後は店の二階で賭けマージャンにサイコロ賭博《とばく》。赤字はふくらむばかりで数年後には店をたたんだ。そら、あきまへんわ。その後、建設会社を興し、現在に至る。長いキャリアと技術からいって屠場では顧問格である。

親が屠場労働者という家庭環境に加え、もって生まれた好奇心から、牛に限らず肉には並外れた関心をもつ。これまで平山さんが食べた肉のごく一部を挙げると、ライオン、鹿、熊、犬、猫、子馬、亀、カラス……とまさになんでもあり。これらの動物をすべて自分で捌き、口にしてきた。ちなみにライオンは、近所の人がペットとして飼っていたが（どこで手に入れたんだろう?）、大きくなりすぎて処置に困り（そりゃそうだ!）、平山さんに話を持ち込んだという。「あんまりおいしなかったなあ」と事もなげにおっしゃる。いろんな肉を食べてきた平山さんによれば、犬が一番のごちそうだという。

肉に関して人並みはずれた好奇心と行動力（?）をもつ平山さんは自らも料理を手掛ける。化学調味料は味覚が変わるから、絶対に使わない。漬物は自分でつけるし、素材に金は惜しまない。経営する建設会社の住み込み労働者の食事は全部、平山さんがつくっている。ある日のメニューに初物の松茸がごはんにたっぷり入っているのを見てびっくりしたことがある。

珍しい部位の料理法

肉に関する豊富な知識に料理の技が加われば、怖いものなしだ。ふだんあまり口にすることがない部位とその料理法を、ホルモニストの平山さんに案内していただこう。

＊唇

牛の頭部で比較的よく食べられる部位といえば舌（タン）と頰肉（ツラミ）ぐらいではないだろうか。牛全般にいえることだが、頭部に関しても食べられないところはほとんどない。こんなところまで？　と首を傾《かし》げたくなるような部位まで食べる。

例えば唇。姫路では「モロ」と呼んでいる。なんでそんな名前が付いたかというと、唇の内側にモロモロした太い毛のような部分があるからだ。牛に唇なんかあったかいな、とお考えのあなた。犬の口の端にある、ぶよぶよした部分を思い出してほしい。そう、そいつを食べるのだ。平山流調理法では、三十分ほど下茹《したゆ》でしてモロモロの部分を取り、スライスして焼いて食べる。唇だから柔らかいと思いきや、けっこう硬い。とくにこれといった味はないが、コリコリした食感がいい。塩でもタレでもいける。

ある夜の平山さん主催のホルモンパーティーで、初めて食べたモロの虜《とりこ》になった地元の市会議員を目撃した。わかります、その気持ち。私は一部を分けてもらい、平山さんに教えてもらったとおり、焼いた後、三杯酢（酢、砂糖またはみりん、しょうゆ）に漬け込んで食べた。時間が経つとより硬くなるが、そのかわり酢がしみこんでいい感じになっていた。

＊耳カブ

耳は豚と同じように毛を取ってボイルしたらけっこういけるらしいが、手間がかかるのであまり食べないという（味は豚のそれによく似ているらしい）。ただし耳の根っこ、耳カブは比較的よく食べられていた。一頭にふたつあり、ひとつが二百グラム前後。野球のボール大で、触った感じはゴムのような弾力がある。薄切りして塩焼きにしてもいいし、湯がいていろんな料理に使うこともできる。ぷるぷるした食感で、煮込むとカマボコみたいな柔らかさになる。私はこの耳カブを春雨、ネギと一緒に中華風に炒め煮にして食べたが、充分にメインディッシュになる。なぜ、これまで知らなかったのか、食べてこなかったのか。後悔先に立たず。

＊鼻

耳とくれば次は鼻。あまりポピュラーではないが、食べないことはない。平山流では、まず薄皮をむいてスライスする。あとは焼くか、しょうゆで煮るかして食べる。唇と同じように焼いて三杯酢に漬けることもある。滋賀県近江八幡市の末広町では、牛の鼻はまげの形に似ているから「マルマゲ」と命名されている。素揚げして薄切りにし、しょうゆをつけて食べるという。

「クセがなくてコリコリしてて美味しいですよ」

末広町在住の長谷川靖子さんは言う。

豚肉の国、ドイツには「サラド・ムゾー・ド・ブフ」という鼻を調理した料理があるらしい。骨と脂《あぶら》を取り除き、冷水に四時間ほど浸し、水切りした後、塩、酢、玉ねぎ、セロリ、タイムなどの香辛料を加え、五時間煮る。それを薄切りして食べるという。どんな味がするんだろう。

さてここで残念なお知らせをしなければなりません。というのは二〇〇一年十月から、農林水産省の方針で、牛の頭部は舌と頬肉を除いて、全部焼却処分しなければならないそうです（頬肉は外側はOKだが、内側はダメ。わけわからん）。つまり今は、唇も耳カブも鼻も食べることはできない。BSE（牛海綿状脳症、いわゆる狂牛病）問題発生以降の措置なのだが、ホルモン奉行、どうも納得がいかない。BSEの危険部位は頭部では脳と眼球だけのはず。唇、耳カブ、鼻は関係ない。農水省に尋ねると、ヨーロッパでも同様の措置をとっているからだとか。

くどいようだが、頭部の危険部位は脳と眼球だけである。頬肉がよくてなぜ唇がダメなんだ。ちゃんとした理由でもあるのか。誰かきちんと説明してくれ。唇も耳カブも美味しかったのに……。

＊タケノコ

心臓に付いている大動脈。白くて形がタケノコに似ているからそう呼ばれている。ちなみに東京ではその食感からか「コリコリ」と呼称される。大阪の焼肉の聖地・鶴《つる》橋《はし》でもメニューにはコリコリとある。鶴橋から東京に伝播《でんぱ》したのだろうか。戦前の岡山ではヨメナカセと呼んだ。なんだか想像をふくらませる命名である。

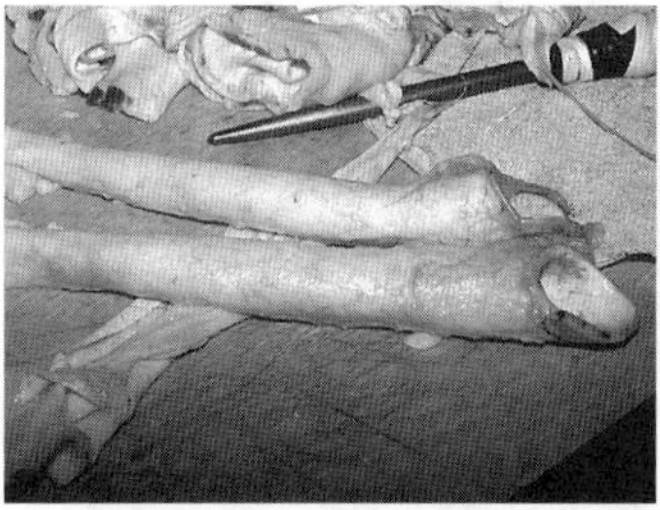

心臓の動脈、タケノコ。絶対、クセになる

このタケノコ、動脈であるから当然、形状は筒になっており、長さはゆうに三〇センチ以上はある。太い部分は直径五センチを超える。適当な大きさに切り、塩焼きかタレにつけて食べる。これといった味はない。焼きイカをやや硬くした感じ。サクサクとコリコリの間というか何というか。これまで経験したことがない歯ざわりだ。これは癖になる。無味だが独特の食感があるのは必ずもう一度食べたくなるというのが私の持論。その代表がこのタケノコだ。

＊脾臓《ひぞう》

ミノ（第一胃）の裏側にある部位。脾臓といってもピンとこない人は朝鮮料理のチレといったらわかるかもしれない（私がそうだった）。赤黒くてグニュグニュしているあれである。ちなみに私は焼肉屋か朝鮮料理屋でしか食べたことがない。

この部位は屠場の人も食べ方を知らなかったようで、平山さんは行商先の在日韓国人に食べ方を教わったという。姫路では「コシ」と呼ぶ。部位の名称まであるのだから、かつては食べられていたのかもしれない。

調べてみると、姫路からさして離れていない兵庫県神河町《かみかわ》（旧・大河内町《おおかわち》）の古文書に記載があった。江戸後期の肉の取引を記した帳面には「みの」（ミノ）「ほそわた」（小腸）に混じって「こし」がある。この時代には食べられていた可能性がある。それが何かの理由で食用にされなくなったのだろう。人に歴史あり。ホルモンにも歴史あり。

岡山市でも脾臓を「コシ」という。その昔、宿毛《すくも》という被差別部落では気味悪がって食べなかったが、ある在日朝鮮人に「日本人はバカだ」「牛の中で一番栄養があるところだ」と言われ、牛の小腸を加工した煎粕《いりかす》（油かす）と一緒に揚げたら評判になった。それから宿毛では脾臓が内臓の〝最高位〟に収まったとさ。食べられるようになった経緯が、姫路の平山さんの話と共通している。異なる場所で同じような歴史があったのも、おもしろい。

平山さんによると、この脾臓、屠場に入ってくる牛百頭のうち、刺し身で食べられるのは五、六頭くらいだとか。分厚いものは菌が溜《た》まりやすく、薄くてピンク色で艶《つや》があるのが上質だという。逆に黒っぽくなるほど質が悪くなる。職人によってはそういった知識がないので捨ててしまうことが多いという。もったいない話である。

平山シェフがよくおこなう料理法は、まずサイコロ状に切って湯通しする。あとはぐつぐつ煮ながら灰汁《あく》をとり、味噌《みそ》、みりん、砂糖で味付けする。私は肺を似たような味付けで食べたことがあるが、こってりした味噌味がいつまでも舌に残る一品だった。

＊直腸

焼肉屋で大腸、小腸はよく食されるが、直腸を出しているところはあまりないだろう。わかりやすい話が肛門《こうもん》にいちばん近い部位だ。

「これを食べなあかん。ほかのホルモンなんか比べもんにならへんで」

平山さんの鼻息が、レース後の馬みたいに荒い。初めて食べてみたら、ミノのサクサク感と大腸のふんわり感が同居していて、なおかつ独特の甘みがあった。気が付い

スライスした睾丸。意外にあっさりしている

たら、ホルモン奉行の鼻息もかなり荒くなっていた。

　ある日、平山さん、ヤーさん主催のホルモンパーティーに、「ホルモンはミノとタンしかダメなんですぅ」という二十代の女性を連れて行った。せっかくいろいろ準備してくれてるのに、あんまり食べへんかったら失礼やなあ……と心配していたら、その女性、元祖ホルモニストお薦めの直腸を、何かが取り憑《つ》いたように食べる、食べる。おいおい、そんなに食べて大丈夫かいな、と心配していたら翌日、連絡があった。お腹でもこわしたのかと思いきや、食べすぎでアゴが痛くなったんだと。それくらい美味しかったたってことですな。今でも彼女が、夕日の中で、取れたて、焼きたての直腸を笑いながら頬張っていた姿が目に浮かぶ。

　直腸のサクサク感って何だろう、とホルモン奉行は考えた。尾籠《びろう》な話で恐縮だが、糞《ふん》を出すための括約筋が入っているから肉にもコシがあるんだろう。サクサク、フワフワ、コリコリ……。まったくホルモンは食感の宝庫だ。

＊睾丸《こうがん》

内臓ではないが、滅多に口にすることができないのが睾丸。現在、屠畜されている牛のほとんどが去勢牛かメス。つまりオスは滅多に入ってこない。平山さんが勤務する姫路の屠場の場合、千頭に二、三頭、一年間で三十頭いるかいないかだという。

ところで平山シェフ、味はどんなもんですか?

「強烈な味があるわけではないよ。生レバーと同じように、生のままスライスしてごま油と塩で食べるのが一番おいしいな。フグの白子をちょっと硬くしたくらいで口当たりがええ。焼いて食べても柔《や》らこいよ」

実際、食べたことがある知人に聞くと……

「生だとふにゃふにゃしててマメ（腎臓）の味がした。刺し身もうまいけど、わしは焼いたほうが好きや。もっと柔らかなるからな」

実際に食べさせてもらったが、黄土色で特に味があるわけでもなく、拍子抜けするほどあっさりしていた。刺し身で食べると食感は、肉というより豆腐に近かった。

＊テール（尾）

テールといえばスープが思い浮かぶが、平山さんは網焼きにもする。いったいどんな味がするのだろう。食べる前、初めてキスする時のようにドキドキする。輪切りにしたテールを炭火でじっくりじっくり焼く。熱いのを我慢して、ええい、こうなったら手づかみだ。

あ、あのれすね、ほれは、なんていふんか、すてーひのあひにひはいへすね、めっひゃひゃわらはいれす、はい。

自分で解説しときます。ステーキの味に近い、柔らかいそうです。書いている今、思い出しても、つばきがわいてくる。いちばん柔らかい部分は茹《ゆ》でたブロッコリーみたいにふわふわしている。赤身で厚みがある部分はほのかに甘い。スープにするのもいいが、焼くのもかなりいい。なんだか自分の世界が広がったような気がする。

*爪《つめ》の中のスジ肉

スジ肉と一口にいうけれど、いろんな種類がある。

「肉はな、普通の肉と、脂とスジから成り立っとんや」

平山さんに言われてみて、スジ肉の存在感を再確認した。三大要素のひとつなのだ。

スジ肉は、いろんな部位にひっついていて、爪の中にもあった。そら素人ではわかりませんわ。姫路では舞妓が履く「コッポリ下駄」に似ているから「コッポリ」と呼ぶ。

平山さんの説明を聞こう。

「黄色がかった白い色でな、野菜とくつくつ煮て食べる。やりこい（柔らかい）で。でもな、爪をはずすのに手間がかかんねん。まず熱ーい湯につける。爪をやらこして、爪の間に包丁を噛ませてハンマーで叩くとコロッと取れる。なんぼも食うとこないで。百グラムあるなしや。わしが十五、六のころまで食いよったけど、今は食べへんな」

取り出すのに手間がかかる上、商品価値が低いので今は廃棄されるか、脂や骨の専門業者に引き取られるという。食用にはならないわけだ。もったいないなー。なんとかならんかなー。

＊

平山さんにはこのほかにも、レバーの中でも脂が多く含まれていて甘みがある「小カラス」も食べさせていただいた（姫路ではレバーをカラスと呼ぶ）。レバーのすぐ横にくっついている部位で確かにうまい。レバーにはこの他にも「アブラガラス」と呼ばれるものがあるという。

「よう肥えた牛の肝でな、色は白っぽい。肝は黒いもんやと思とるやろ。今の若い衆やったら、病気やと勘違いする。脂がまわってて、焼いたら最高にうまい。ところがこれが何千頭にひとつしかないんや」

うーん、食べたい。どないかなりまへんか。

平山さんに聞けば聞くほど、いろんな部位が飛び出してきて、その知識には感心させられる。同時に、知らない部位が本当に多いなあとあらためて感じたのだった。知らずに過ごしてきた自分が悔しい。

お店で食べるホルモン

屠場《とじょう》の近くには、たいがい新鮮な肉、ホルモンを食べさせる店がある。ホルモンは時間が経つほど味が落ちる。したがって輸送時間がかからない屠場の周辺には安くて美味しい店が多い。ここではさまざまな部位を出すお店を紹介しよう。といっても紙数に限りがあるので、ホルモン奉行推薦の三店のみでご勘弁願う。

大阪でいろんな部位を食べさせてくれる店といえば、まず堺市にある「ふしはら」（巻末参照）が挙げられる。堺に移転する前の所在地・松原市内にも、そして隣接する羽曳野市にも屠場があるからうまい店の条件を充分クリアしている。もちろん立地だけではない。肉に関する豊富な知識がないと、うまいホルモンは出せない。付け加えるなら上質の商品を確保するルートも必要だ。東京の有名焼肉店では、卸業者に東京ドームの特等席を用意し、よりよいホルモンの確保に努めているという。やはりそれなりの努力も必要なのだ。

ふしはらの主人、伏原淳仁さんは、実家が精肉店で羽曳野の屠場が子どものころの遊び場だったというのだから、姫路の平山さんに負けず劣らずのホルモニストである。

「仕入れは大阪だけやなしに神戸牛も入れてる。牛によってホルモンでも味が違うよ」

　雑種、ホルスタイン、黒毛和牛……。種類によってステーキなどの肉質がまったく異なるように、ホルモンも牛によってまったく味が違うという。

「うちは焼肉にしてもホルモンにしても黒毛和牛しか出してないですから」

　宮崎県出身の奥さんが自信たっぷりに言う。それでは奉行、さっそくいただきます。

　見るからにうまそう、という素材や料理がある。ホルモンでいうと脳、脊髄《せきずい》がまさにそれ。光沢があって柔らかそうで、口に入れるととろけそうなのである。もともとぷるぷるしたものが好きな私は、数あるメニューの中でこのふたつを真っ先に注文した。取材はBSE騒ぎの前に行った。今では食べることはできないが、何年か先には問題の飼料や代用乳で育っていない牛を食べることができるので、その味を紙面で堪能してもらおう。

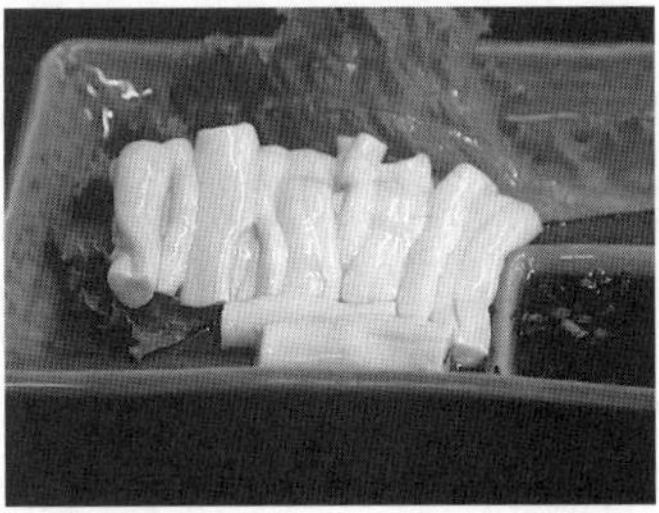

つややかな脊髄。つるつるした食感は天下一品

　脊髄は大人の小指ほどの太さで白っぽいピンク色。脳はそれよりもやや色が濃い灰白色。想像したとおり、

食べると賢くなる（?）脳

つるりとした食感。味はいずれも白子によく似ていてあっさりしている。だからポン酢が非常に合う。なんでも作家の坂口安吾は、牛の脳味噌料理が大好物だったとか。こんなところで奉行と安吾がつながっているとはねえ。

このふたつ、微妙に味が違うが、脊髄は繊維があるから脳よりもコシがある感じ。手で触ってもつるつるしていて気持ちいい。伏原さんによると、脊髄は背骨をいちいちはずさないと取れないので手間がかかるため、手に入りにくいらしい。人気商品で、仕入れても数日でなくなるから予約が必要だ。ま、今のところBSE問題があるから食べられないけどね。

この店の特徴は厳選された素材と部位の豊富さだ。耳カブもあったし、心臓やアゴまである。ホルモンではないが、肩甲骨《けんこうこつ》に付いているミスジ（霜降りで刺し身で食べる！）、尻の外側のイチボ、内側のラムシンなんてものまである。これはもう牛の部位のデパートだ。奉行も数々のホルモンをいただいたけれど、タンが最高にうまかった。とりわけ根元は備長炭でさっと焼いて食べると、柔らかい食感とともに口の中に肉汁が広がり、生きている喜びを感じる。ベートーベンの第九「歓喜の歌」を歌いたくなるほど。

試しに、後日、近所の焼肉チェーン店に行き、一人前三百九十円の塩タンを食べてみた。タンの上には溶けかけの氷のかけらが……。炭火で焼いて一口。塩辛い。甘みがない。この際、ほかのホルモンも試す。ツラミ、ロース、ハラミを注文。どれも赤黒い。食肉工場で見たことがある輸入肉と同じ色だ。口に入れる。最初からタレに漬け込んであるので塩タンと打って変わって甘いのなんの。しかもどれを食べても甘いタレの味しかしない。モノで勝負できないので、タレでごまかしている。当然のことながら「ふしはら」とは勝負にならない。コンビニ弁当と一流レストランの料理くらいの差がある。もちろん値段も違うが、やっぱり本物を知るのと知らないのとでは人生の楽しみの幅が違ってくる。大学生のころなら安いコンビニ弁当（＝安売りチェーン店）で満足していたが、違いがわかる大人になった（？）今は、やはり本物（＝ふしはら）がいい。

京都・祇園《ぎおん》にスゴイ店が

京都・祇園といえば舞妓《まいこ》さん。でもホルモン好きには肉割烹《かっぽう》「安参《やっさん》」（巻末参照）をお薦めしたい。先代が戦後間もなく営業を始めた老舗《しにせ》だ。最初の店は三坪から始めたが、場所を変えるにしたがって徐々に店舗も大きくなっていった。

私と編集者は、かなり前に下見を済ませてあった。内臓各種の刺し身や煮込みの美味しさが忘れられなかった。これはもう一度、行かなあかん、というわけで、平日の開店前に、二代目主人の榊原《さかきばら》泰嗣さんにカウンター席で話をうかがった。

榊原さんの経歴が変わっている。高校卒業後、東映京都撮影所で照明や録音に携わった。その後、日本料理屋で修業を積むが、先代が体の調子を悪くし、店を継ぐことになった。

「小さいときから内臓ばっかり食べてたから、好きやなかった。だからあんまり肉が好きやない」

意外なことをおっしゃる。

この店の特徴は、新鮮な内臓がコースで出てくるところである。前に下見に来たとき、編集者が壁のメニューを見て、次々頼んでいたら、隣りの常連客に「ここは、順番に出てくるんですよ」と教えられていた。焦《あせ》らない、焦らない。一皿分食べたら皿をカウンターの上に置き、次のメニューを待つ。

壁のメニューは以下の通り。

造物《つくりもの》 レバーナマ、ツンゲ、ヘルツナマ、ヘレナマ、マーゲン
焼物 マーゲン、ツンゲ、バラ、ロース、レバー、テール
にこみ
おでん

見慣れぬメニューが目につく。「ツンゲ」とは舌、「ヘルツ」とは心臓、「マーゲン」とはミノのことである。なんでも京大医学部、京都府立医科大の先生方が昔から常連だったらしく、その影響で一部のメニューはドイツ語で呼ぶようになったとか。心臓外科のある先生は、いつも見慣れているからか「心臓はいらない」と敬遠するらしい。内科のある先生は、各種の内臓を見ては「こんな色だと人間も健康なんだよ」と評するとか。常連客に医者が多い、というのもこの店の特徴。噂《うわさ》を聞いてか、芸能人・文化人も時々顔を見せる。前に下見に来たとき、すぐ隣りに名優・中村梅雀《ばいじゃく》さんが座り、ホルモン奉行、えらく緊張した。なにせ父君（中村梅之助さん）は本物の江戸町奉行「遠山の金さん」なのだ！

何がこの店の魅力なのか。まず何よりもネタが新鮮である。ＢＳＥ問題発生後、内臓は検査があるので翌日渡しになることもあるが、この店ではその日に割った牛の内

臓しか出さない。

「親父《おやじ》の代から長い付き合いのある業者に頼んであるので、仕入れ先は変わってませ
ん。向こうも二代目。やっぱり信頼関係ですからね」

店主は言う。上等の内臓が入る、太いパイプがあるわけだ。しかし、一見上等に見えても、包丁を入れてみるとスジだらけ、という品もある。自分が納得する物でないと店には出さない。それでも出せ、いや出さないと客と口論になることもあるという。闘ってますなあ。

レバーを食べたい人は、開店間もなく来る。遅く来るとそれだけ鮮度も落ちるし、何より売り切れてしまうのだ。

忘れられない料理の数々

話を聞き終え、コースをいただく。

まずはレバー。口の中でサクサクッと音がする。こんな代物《しろもの》には滅多にお目に、じゃなくて口にはできない。レバーはやっぱり新鮮な生に限りまんな。

ツンゲ。タン元の脂が乗り切った最上部位。これは文句のつけようがおまへん。しようゆがまた上等で、レバーやツンゲともばっちり合《お》うてます。

「何も手をかけない自然のものが一番おいしいんですよ」

主人の言葉がうなずける。それを手に入れるのが大変なのだ。

ヘルツ。粉ガーリックを振りかけて。レバーよりあっさりしている。焼くより、やっぱり生がよろしおすな。

ヘレ生。黄卵が乗ったヘレは、いわばユッケ。ユッケの場合、細切りしてしまうが、ここのは刺し身みたいな切り方なので、ムチッとした食感が味わえる。

マーゲン湯引き。上ミノを薄切りして湯通しすると、あっさりした上品な味になる。焼きでもいただいた。タレをつけて炭火でさっと焼き、一味唐辛子でいただく。こんな柔らかいミノを食べたことがない。ミノってこんなに柔らかかったっけ？　と思わせる一品。

煮込み。生では出せない脂、肉、スジを味噌《みそ》などで味付けし、長時間煮込む。肉の柔らかいこと。美味なこと。どう表現したらいいかわからない。「アアーッ」「クーッ」とでも言っておこう。

テールのカブラ蒸し。テールスープの中に真綿でくるむようにカブラに包まれたテールが入っている。ただ新鮮な内臓を出す店ではない。料理に工夫がある。そしてもちろん、どれも美味。

「京料理とホルモン料理の融合やねえ」

おいしいしか言わなかった編集者が、感心している。ワインをクイクイいきながら。ちょっとちょっと、飲み過ぎちゃいまっか?

タンの煮込み。ふわふわに煮込んだタンの上にはバターと紅生姜《べにしょうが》。タンは箸《はし》ですぐに崩れる柔らかさ。これはクセになりますわ。ここまで煮込まれたらたまりませんわ。もう堪忍《かんにん》してください。

「ホルモンの概念が変わったでしょ」

高下駄に白い割烹着に着替えた主人が言う。変わりましたがな。こんなの食べたら、他の店に行けませんがな。それにしても、何をどのように料理したらいいかを知り尽くしてますな。いやー、参りました。

ホルモンが一流の食材であることをあらためて認識させられました。

ホルモンDEしゃぶしゃぶ!!

最後に部位ではないが、珍しいホルモンの食べ方を紹介したい。

三重県松阪市といえば言わずと知れた松阪牛の産地だが、ホルモンをしゃぶしゃぶで出す店があると聞き、奉行は走った(口絵で紹介)。

「これ食べたら、ほかのホルモンは食べられないよ」

地元の人が胸をはる。ホルモン好きの人は、どういうわけか例外なく熱い。ＪＲ・近鉄松阪駅から徒歩十分。「肉道楽　西むら」（巻末参照）は料亭みたいに立派な構えだった。

和服姿の女将《おかみ》によると、もともと家でしゃぶしゃぶをして食べていたのを店で出したら好評で、定番メニューに入れたという。つくり方は、昆布でダシをとり、沸騰したら白菜、長ネギ、シイタケなどの野菜と一緒にテッチャン（関東などではホルモンと呼称）、アカセン（ギアラ）、センマイを入れてしばらく煮込む。ホルモンがぷっかりと浮いてきたら食べごろだ。さっそく私もいただく。ポン酢にちゃぽんとつけて頬張ると、あら、意外にあっさりしている。こりゃいくらでもいけそうだ。こんなにつるつるいっていいのかしら。そうそう女将の話も聞かないと……。

「しゃぶしゃぶにするには素材が新鮮でなければだめなんですよ。鮮度が落ちるとにおいがしますから。松阪牛は昔ながらの飼料を使っているからホルモンもおいしいんです。最近は飼料にもいろんな薬が入ってますけど、食べ比べてもらったらわかります。ええ、自信あります」

はいはい、たしかにこれは新鮮な素材でないと美味しくないですわ。でも新鮮なホルモンがないといかんので、家庭でつくるのはちょっと難しそうですね。

「次によく洗うことが大事なんです。塩揉《も》みして、その塩もよく洗い落とします。よく洗わないと生臭いにおいが残ってしまうんです」

やはり美味しい料理には手間がかかっているんですね。それを知らないで食べているわけですね。え、うどん？　この鍋に入れるんですか？　もちろん、いただきます。

「普通のしゃぶしゃぶもやってるんですが、ホルモンしゃぶしゃぶは珍しいのか、時々、取材にお見えになるんです。『めざましテレビ』（フジテレビ系列、朝の情報番組）の取材のときは、夜中の三時ごろに中継車が来て、朝早くからしゃぶしゃぶを食べてもらいました」

　朝からホルモンのしゃぶしゃぶですか。すごいですね。まあ脂《あぶら》っこくないから食べられますが。うどんのおかわりですか？　はい、ぜひお願いします……。

　後日、私はある用事で帰省した。たまたまホルモン好きの親戚のおっちゃんに会ってホルモン話に花を咲かせていたら、そのおっちゃん、以前、試しにセンマイのしゃぶしゃぶをしたことがあるという。松阪の「西むら」さんと同じように、ポン酢で食べたらけっこういけた、と目を細めていた。おっちゃんは「西むら」さんの存在を知らない。やっぱり好きな人は同じようなことを考えるもんだ。

開け、ホルモン・サミット

全部の部位は紹介できなかったが、たいがいの部位は食べられていることがわかった。ただ惜しむらくは、BSE発生後、脳と脊髄は焼却されるのは当然だとしても、あまり食べられない部位の料理は、かつてのトキみたいに、絶滅の危機にある。

食生活に関し、私たちはたしかに贅沢になった。低価格で手軽に口にできるハンバーガーが人気を集めている陰で、生き物と食べ物を大事にしてきた先達《せんだつ》の知恵と技術が失われつつある。

そうだ。これは一度、全国のホルモニストを集めて、ホルモン・サミットを開いてみてはどうか。いろんな部位をどうやって食べているのかを侃々諤々《かんかんがくがく》議論するなかで、一見便利になった食生活の違う面が見えてくるかもしれない。……とまあ、小難しいことを考えてはみたが、全国のうまいホルモン料理を食べた～い、というのが本音です。

3

豚・馬・猪《いのしし》の巻

東京の豚モツ焼き

「もつ焼」と白地で染め抜かれた暖簾《のれん》をくぐると、店内の壁に相撲取りの写真が飾ってあるのが見えた。壁のメニューが見えにくい。あれ、視力が落ちたのかなと思ったら、店内が薄暗いからだった。六畳くらいの広さの店には、天井に電球が二つあるだけ。カウンター内でオヤジが串《くし》刺しにした豚の内臓各種を炭火で焼いている。煙の向こうの厨房《ちゅうぼう》で、奥さんと娘さんらしい人が各部位を切っているのが見える。五十代、六十代のおっさんたち七、八人が、カウンターにへばりつくように串の山を築いている。

東京のJR荻窪《おぎくぼ》駅から歩いて三、四分。戦後間もなくの闇市ってこんな雰囲気だったんだろうなと思わせる一角で、豚のモツをむさぼり食った。ガツ（胃袋）、チレ（脾臓《ひぞう》）、ハツ（心臓）、ヒモ（大腸）、軟骨（喉笛《のどぶえ》）と一気にいったら、幸せな気分になってきた。オッパイ、リンゲル（膣《ちつ》）とメスを続けたあと、「ホウデン（睾丸《こうがん》）ください」と勢い込んだら、「すみません、今日は入ってないんで」とオヤジが言う。その日仕入れたものだけを出すから取り置きがないらしい。道理でどれも新鮮でうまいはずだ。

豚のモツは牛のそれと比べるとあっさりしていて、いくらでも食べられる。ほどよい濃さのしょうゆベースのタレも、各部位を引き立てている。ようし、こうなったらメニュー全部を制覇だ。テッポウ（直腸）、カシラ（頭）、レバー（肝臓）に、もう一回オッパイお願いします。牛もこの部位を食べるが、なかなか手に入らない。豚のオッパイはぷつぷつした食感で、ほのかにミルクの甘い味がする。食感も味も、他のどの部位とも違う。鼻歌を唄いたくなってきた。

腹がふくれ、幸せ指数が一〇〇％になったところで、三人で飲み食いした分を計算してもらう。オヤジが串を数えながら暗算している。五千八十円。安い。幸せ指数がさらに五〇％アップした。

関東は豚、関西は牛

豚の内臓は、少なくとも私が住む大阪では食べる機会が少ない。地域によって食肉事情が異なるからだ。一般に西日本は牛肉、東日本は豚肉を料理に使う頻度が高い。

一九九八（平成十）年日本食肉消費総合センターがおこなった食肉の購入量調査を地域別で見ると、牛肉の購入量が一番多いのが中国・四国の四二・九％、続いて近畿の三九・〇％、九州三八・〇％、北陸三二・五％、東海二九・二％となっている。関東は二八・三％で北に行くにつれポイントは下がり、東北二三・七％、北海道一七・六％。北海道と中国・四国では二倍以上の差がある。

一方、豚肉の購入量は東北が四六・二％で堂々一位、北海道が四五・九％で、東北に肉薄している。続いて東海が三八・九％、関東の三八・八％、さらに北陸が三八・〇％と続く。西日本は九州二九・五％、近畿二七・八％、中国・四国が二五・二％となっている。統計から見ても、明らかに東は豚肉、西は牛肉に人気があるのがわかる。

カレーにどちらの肉を入れるかを、ハウス食品が一九九六（平成八）年に調査したところ、大阪では牛肉が八〇％も用いられ、東京はその約半数の四四％しか使われていなかった。東京人と大阪人が結婚したらどうするんだろう？　もめまっせー、これは。

肉じゃがに何を入れるかにも地域差がある。東京は豚肉を入れるケースが多いが、大阪では牛肉のみ。二〇〇一（平成十三）年九月六日、NTV放映の「ズームイン朝」で、肉じゃがに豚・牛のどちらを入れるか調査したところ、境界線は愛知県の豊橋市周辺だった。ちなみに東西の真中に位置する名古屋は、鶏入りの肉じゃがが主流だという。なんか、うまいことバランスとれてますなあ。

関東と関西の豚の内臓が食べられる割合を示した資料がある。少し古い数字で恐縮だが、日本畜産副生物協会が一九八九（平成元）年に実施した調査では、専門店（肉屋）で牛、豚、鶏の内臓の売上高のうち、豚の内臓が占める割合のベスト3は、関東が五六・八％、北海道が五〇％、中部・北陸が四七・一％。これらの地域では内臓の売上の半分が豚なのだ。一方、最低は近畿の一・六％で、要するにほとんど売られていない。中国・四国、九州はともに一〇％台で、豚の内臓に関しては東高西低がくっきり出ている（『畜産副生物調査研究事業報告書』、一九九〇年）。

ではなぜ東が豚で西は牛なのか。

古墳から出土する骨は東日本は馬、西日本は牛が多いそうな。関西は古代から天皇や貴族を中心にした社会で、牛に車を引かせた牛車《ぎっしゃ》の伝統があり、関東は武家社会だから馬がよく使われたとか。

西日本では農耕用に牛、東日本では馬を使うことが多かった。私が取材した限りでも、交通・輸送手段として馬車や馬を農耕用に使っていたところは、馬肉がよく食べられていた。ただし、東北の会津地方は牛、九州の一部では馬が飼われていたし、鹿児島では昔から養豚が盛んだった、という例外もある。

明治の中頃になると、東日本、特に関東を中心に、豚が飼われ始めた。豚はイモで育てられるので、神奈川県や茨城県では畑作と結び付いて豚の飼育が盛んにおこなわれるようになったとか。

どんな肉が食べられているかは、その地域の文化と密接にかかわっているようだ。牛肉と豚肉の東西比較について述べてきたが、ホルモンをさらに追究してみよう。私は日本畜産副生物協会の会員である、日本大学生物資源科学部の早川治助教授の研究室を訪ねた。

「内臓についても消費パターンは肉と同じで、関東は豚、関西は牛が中心です。ただ、各部位の名称は関東と関西では異なることはありますね。ホルモンというのは関東では腸です。レバーとかハラミ（横隔膜）、チーク（頬肉）はホルモンという概念からはずして考えます。関西では内臓その他をひっくるめてホルモンと言うでしょう。こちらではホルモンという言い方はあまりなじみがないですね」

とすると「ホルモン奉行」は関東では「腸奉行」になるわけだ。なんだか、さえないなあ。では、腸以外の内臓類はどう呼ぶんだろうか。

「これは単品で呼びます。たとえばレバーはレバーです。商品価値が高いのでレバーは腸とは明らかに価格設定が違います。内臓屋さんは高級部位という位置付けをしているので、レバーをホルモンの中に入れるのには抵抗がありますね」

川崎市の豚事情

なるほど、言葉ひとつとっても、東と西では違うわけだ。これは実際に自分の目で確かめるしかない。私は研究室を飛び出し、電車に乗った。向かったのは神奈川県。ペンをマイクに持ち替えて、現場中継してみることにしよう――。

「というわけで、今、川崎市にいます。内臓類を食べさせる店や肉屋が多いと聞いております。えー、今、JR川崎駅から南に向かって歩いています。ちょっとスーパーをのぞいてみましょう。ええっと肉売り場は……はい、ありました。まず言えることは、関西と比べると精肉、内臓類とも豚が多いですね。ざっと見たところ、豚五、牛三、鶏二の比率でしょうか。関西だと豚と牛が逆の比率になります。『牛ホルモン』のパックには確かに腸が入ってます。こちらではホルモン＝腸なんですね。おっと、豚の生レバーがパックに入って売られています。炒めた豚レバーもあります。これは関西ではあまり見かけません。

違うスーパーに行ってみます。な、なんですか、これは？　豚のタンがそのままで売っています。おっとー、ハツ（心臓）もそのままの形でパックに鎮座しております。これは驚きました。どちらも二〇〇グラム以上あって百七十円前後、お得です。わた

川崎市のスーパーで売られていた豚のタン（上）と心臓

くし、豚のタンと心臓がそのままパックに入って売られているのを初めて見ました。感動しております。カルチャー・ショックであります。

さらに歩いてみます。『モツのトガシ』の看板が見えます。ここではホルモンよりモツのほうが一般的なんですね。大きなお肉屋さんです。ちょっと入ってみます。ガラスケースにずらりと豚の各部位があります。うわー、なんでもあります。こんなに豚が充実したお店は見たことないですね。豚のミノなんてのもあります。胃の一部で、取れる量は少ないんですか。さすがにいい値段してますね。取材で来てるんです。怪しい者ではありません。喉笛、子袋（子宮）もあります。加工・調理したのもあります。へえ、これは内臓のトマト味の煮込みですか。ほう、タンの燻製もあります。これは喉のあたりですか。骨もついてますね。え、試食できるんですか？　はい、いただきます。なるほど、塩とこしょうが効いていますね。しかも安い！　二〇〇グラムほどください。トマト味も、燻製もお願いします。いやあ、豚の内臓類は庶民の味方ですねえ。

牛の内臓類もあります。関東ではおでんにハラミのスジを入れるんですか。関西ではアキレス腱が多いですね。

もう少し歩いてみます。大きな門に『コリアタウン』の文字が見えます。両脇に焼肉屋がずらりと並んでおります。この通り、三、四百メートルはあるでしょうか。焼肉屋が集まってできた街って感じです。あ、モツの店がまたありました。ここも、豚も牛も内臓類が充実してます。モツでもつ街、なんてくだらない駄洒落を言ってる場合ではありません。

豚の内臓の各種加工品。どれもイケる！

歩き疲れておなかもすいてきたので、店に入ります。『筋鍋《すじなべ》』ってなんでしょうか。とりあえず注文してみます。鉄鍋に野菜とスジが入ってます。韓国風の味付けです。ほほう、こんなスジは初めてです。牛のハラミのスジですか。こちらではおでんに使う部位ですね。よく知ってる？　さっき肉屋さんで聞いたんです。怪しい者ではありません、ハイ。非常に柔らかいスジですね。おいしいです、本当に。生ビールもください。ええ、関西から来ました。ごちそうさまでした。ゆっくりできないんですよ、まだ仕事がありますので。また、来まーす。

以上、神奈川県川崎市のホルモンの現場からお伝えしました。す、すみません、領収書をお願いします……」

豚は牛に負けない

このあと、JR川崎駅前の焼肉屋に入ったら「豚《トン》トロ」というメニューがあった。店員に聞くと豚のカルビ（ばら肉）とのこと。後で調べてみたら、アゴに近い首筋にある部位で、一頭に二〇〇～二五〇グラムしかない部位だった。これまで注目されることがなかったのは、捨てられることが多かったかららしい。カルビとちゃうがな。ウソ教えたらあかんがな。

さてこの豚トロ、文字通りトロみたいなピンク色で、脂《あぶら》がのっている。サッと焼いて口に運ぶと、あっさりしていてコシがあり、レモン汁が合う。上質のタンに似ていなくもない。

後日、JR横浜駅前の焼肉屋（ここは屋号にホルモンの名称がついていた）に行ったら、豚のホウデン（睾丸）があった。奉行は荻窪で食べ逃している。五センチ×三センチくらいの楕円形でなんだか大きい。本当に睾丸なのか、少し不安になった。

「ホウデンて、なんですか？」

念のために店のおばちゃんに尋ねたら「タマ」とだけ言い残し、去っていった。奉行はあっけにとられ、頬がポッと紅《あか》くなった（たぶん）。ちなみにホウデンは睾丸のドイツ語（Hoden）から来ている。なぜタマだけがドイツ語なのかはナゾである。

ホウデンの刺し身は半冷凍状態でこれといった味はない。淡泊な魚のよう。焼きは一転してとろけるような食感で、上質の肉をさらに柔らかくしたような感じ。いいじゃん、ホウデン！

関西で豚のホルモンを食べることはできないのだろうか？　ありました。ＪＲ京都駅近くの東九条に、知る人ぞ知る、豚ホルモン専門の店があったのです。さっそく東九条在住の編集者と出かけました。

子袋（子宮）とガツ（胃）の刺し身でスタート。子袋は小さく切って、韓国風にコチュジャン（唐辛子味噌《みそ》）などで味付けされている。それと知らずに食べたら、見た目も味も貝と思うかもしれない。なんでも発情前の生後二年くらいの肉厚のものが一番美味だとか。

ガツは牛の第一胃・ミノに食感が似ている。韓国料理にエイの刺し身があるが、味も食感もそっくりだ。子袋もガツも、酒の肴《さかな》にはもってこいの一品。というわけで、マッコリ（にごり酒）も頼む。さて次は焼きだ。

「これを一番最初に頼みましょう」

すでに下見を済ませた編集者が天肉焼、関東でいうカシラを薦める。関東は串焼きだが、ここでは焼肉用の鉄板で自ら焼く。うん、ふわふわしてて豚バラをもっと柔らかくした感じですな。タレは韓国風だ。腸、レバー刺し、モツ鍋エトセトラ。ホルモンに関するメニューをすべて試してみた。鍋だと少し臭みが残るなあ。やっぱり焼いたほうがええで。豚は牛に負けとらんなあと編集者と確認し合う。おかしな二人。

店内を見渡せば、学生、ホワイトカラー、ブルーカラーに女性、車椅子の障害者と客層は幅広い。近くにある教会のシスターが皿を返しにきたりもしていた。老若男女、思想信条を問わず。「いつも満員なんですよ」と編集者が言う。よく来ているみたいな口ぶりだ。

二人でさんざん食べて飲んで、会計は五千円ちょっと。牛の半分以下の値段だ。味は申し分ない。あくまでも好みだが、同じ五千円なら牛より豚のほうがお得かもしれない。編集者はこの取材の一週間後、子連れでまた行ったらしい。豚の魔力はすごい。

沖縄の豚とヤギ

牛より豚が好まれるといえば、沖縄文化圏にもふれておかねばならない。大阪市大正区といえば、沖縄にルーツを持つ人たちが数多く住む地域。ここで沖縄料理の店を営む玉城《たまき》利則さんに話をうかがった。

「沖縄は肉といったら豚だね。肉のことをシシっていうんだけど、シシは豚のことを指す。シシジュウロクじゃないよ」

「……」

「ぼくは浜比嘉島《はまひがしま》（沖縄県）の出身だけど、琉球政府時代、つまり一九七二年五月十四日までは保健衛生法なんて離島には及ばないから、経験者が屠畜《とちく》してた。密殺だな。盆、正月の三日前ぐらいにつぶした。だから豚は日常食じゃなくて、非日常、ハレの日の食べ物だった。大晦日《おおみそか》には豚足は大根と煮込んで食べてたしね。

　手順は、大人たちがつぶしたあと、腹を割るときは海辺にかついでいって、中のもの（内臓類）を出す。肉は家に持って帰って戸板の上で捌《さば》く。で、中のものを処理するのが、われわれ子どもたちの仕事だったわけ。小腸だったら腕の長さくらいに切ってひっくりかえして海水で洗う。そのまま調理したら汚物が入るからね。子どもたちの仕事の報酬はしっぽ。火であぶって焦げ目をつけて食べる。コリコリしておいしいよ。台湾では道端でかんてき（七輪）で焼いて売ってる。

内臓はその日のうちに中身汁にする。小腸や胃袋は乱切りにして血の固まりと大根、ニンジンなんかの野菜と一緒に入れて鍋で蒸し煮にする。塩で味付けしてね。内臓はそのほかにも、テンプラにしたり、中身イリチーっていうんだけど野菜と炒めたりして、その日に一気に食べてしまう」

豚は共同体の一員だから、ていねいに料理してどの部位も大事に食べる、と玉城さんは言う。どんな部位も捨てることはなかった。膀胱《ぼうこう》は膨らませて干した上でバレーボールとして活用した。海辺で内臓を洗い、膀胱でバレーボールに興じる。いいなあ。情景が目に浮かぶようだ。

沖縄では豚と同じように、ハレの日にはヤギも食された。

「ヤギは体が豚に比べて大きくないので、ぼくらでもつぶせた。中学校で飼ってたからバレーボールの地区大会の前は、選手を送り出すためにつぶしてみんなで食べた。それが慣例だったよ。村では、共同作業をしたあと、たとえば家の棟上げや畑を耕して難儀をしたときなんかに食べた。ヤギの場合は豚と違って肉も中身も一緒に入れて炊《た》く。塩と生姜《しょうが》で味付けして、におい消しと薬味を兼ねたよもぎをたっぷり入れてね」

うーん、食べてみたい。沖縄に行きたい。豚とヤギの汁をハフハフしたい。

本土でも沖縄の文化は受け継がれている。

私の知り合いの女性（四十代半ば）は、両親が生まれた沖縄で六歳まで育ち、それ以降は兵庫県尼崎市に移り住んだ。第二の故郷は沖縄出身者が多く住む地域だった。

「子どものころ食べていたのは、ほとんど豚肉です。カレーも豚肉でした。沖縄人部落には豚を飼っている人がいて、お盆や正月といったハレの日には大量に塊《かたまり》で買っていました。ヤギも川の堤防で飼われていて、エサをやってなついてくれたころには姿を変えてお祝いの席に登場していました。

豚肉は冬瓜《とうがん》と煮るとおいしいのですが、日本人はまず食べませんでしたから、日本人の友人たちには話すことはありませんでした。両親から沖縄出身であることを自分で言うべきではない、といって育てられましたから。

内臓もよく食べました。一番好きなのは肺。ぷりぷりとした歯ごたえが好き。内臓を使う料理では中身汁が絶品だと思います。腸を使いますが、下ごしらえが大変でした。母は小麦粉とサラダ油で揉《も》むようにして汚れを落としていました。裏返して何度も湯がきます。手間をかければ上品な味になります。時には舌やしっぽも食べました。

小さいころに母に連れられて、市内の沖縄の人が多く住む地域の肉屋さんに行ったことがあります。その時、おやつがわりに豚の内臓を細切りにしてソースで炒めたものを食べたことがあります。それから食べる機会がなかったのですが、去年、大阪の大正区の肉屋さんで見つけました。沖縄ではあまり見かけないので大阪で生まれた料理なのかと思います。

沖縄人にとって懐《なつ》かしい味といえば、油味噌があります。家によって作り方も味が違います。豚のバラ肉を使う家もありますが、わが家のは、脂身をじっくりと炒めてラードを取った後の油かすを味噌と炒めてつくってました。あったかいご飯にも泡盛にもよく合います。自分でつくっても母の味にはなりません。

でも、子どものころ、母の作る料理があまり好きではありませんでした。友達の家でつくられるちょっとハイカラで気取った料理がうらやましく、母の料理は恥ずかしくて友達を家に呼ぶことはできませんでした。冬瓜の煮含められたやさしい味。皮付きの三枚肉のこっくりとした味。ソーキ骨と昆布の出会いの味……。今は母がつくってくれた料理の数々が、手間をかけたものであることがわかります」

本土にも沖縄の味はしっかりと根付いていた。そういう文化があることを、私はうらやましく思う。私に話してくれた女性は、二十代半ばから、自分が沖縄人であることを肯定的にとらえられるようになったという。捨てようにも捨てられないものに気付いたわけだ。そうですよね。ふるさとやその文化は隠せるものでもないし、隠す必要もないですよね。

ああ、ますます沖縄に行きたくなってきた。油味噌で泡盛をグビグビいきたい。カチャーシィーを踊りたい。

馬もウマい

こうなったら牛、豚以外の動物も調べてみよう。まずは馬。馬といえば馬刺し、馬刺しといえば熊本か信州が思い浮かぶ。

信州南部ではモツも食べる、と本で読み、長野県伊那《いな》市役所に問い合わせたら「千《せん》田《だ》」（巻末参照）を教えてくれた。大阪から新幹線、在来線を乗り継いで五時間あまり。駅前から店まで行く道筋に肉屋があったのでのぞいたら、豚、牛と並んで馬肉もあった。肉屋で馬肉を売っているのを見るのは初めてだ。ちなみに馬刺しは百グラム四百八十円、ロースは四百円、上肉が三百円だった。やっぱり馬刺し用の肉が一番高いんだ。

店を開いて三十年になるという「千田」のご主人、渕井貴一さんは伊那の馬文化から語ってくれた。

「ここらあたりでは馬を農耕用に飼ってたんだけど、年老いると屠畜して食べてたんですよ。十五年から二十年ぐらい前までは馬肉は豚肉や鶏肉より安かった。すき焼きっていうと馬肉だった。今は高級品ってイメージがあるけどね」

なんだか鯨肉の歴史と似ているではないか。

「まあ、とりあえず食べてみてください」

主人に馬の大腸の煮込みを薦められて一口。肉厚で、ボヨヨーンとした食感。淡泊な肉に味噌味がしみこんでいて、ネギと七味唐辛子のトッピングが合う。感動が脳と胃袋にじわりじわりと伝わってくる。

「馬のモツってのは長いので、たぐるようにして取るから『おたぐり』っていうんです。さっぱりしてるでしょ。くせがないでしょ」

は、はい、確かに。臭みもないし、上品な味です。料亭で出してもおかしくないですね。料理のコツを教えてもらえませんか。

「うちは仕入れたときに馬糞だとかを三時間かけてきれいに洗っちゃう。籠《かご》の中に入

長野県伊那市で食べた馬の大腸の煮込み「おたぐり」

れて二つのホースで水をかける。芋を洗うのと同じ要領。それを簡単に済ませるといろんなにおいがくっついちゃうのよ。それがコツだよね。あとは何も加えないで三時間くらい煮て、ある程度柔らかくなったら地元でつくってる味噌を入れる。それだけ」

実にシンプルである。ビューティフルである。メニューの中でも、馬刺し（本場はやっぱりちゃいまんなあ）、ヒレ肉のステーキ（これも絶品！）、山菜料理（これは感心）を差し置いて、このおたぐりが一番人気があるという。

「うちのおたぐりなら食べられる、という女の人が多いですよ」

厨房《ちゅうぼう》から奥さんが教えてくれた。どのメニューも美味で量が多くて、しかも値段は五百円～千円と安い。いやあ、時間をかけて来た甲斐《かい》がありました。信州に来たときには必ず寄ります。長野から帰り、奉行はほうぼうでこの味を周囲に語り聞かせたのであった。

福岡に馬のホルモン料理屋がある——。耳寄りな情報をキャッチしてすぐ、今度は福岡に飛んだ。情報提供者と店へ。もう一人、別の知人と一緒に行ったが、二人とも初めてとのこと。ホルモン（大腸）の鉄板焼、味噌煮込み、湯引きを頼む。

鉄板焼はウスターソースとニンニクなどで味付けされており、味噌煮込みとはまた違った趣。ごはんがすすみそうだ。湯引きはサクッとした食感がさわやか。お酒がすすみそうだ。すすんでばっかりだ。おかげで馬ホルモンのメニューをそれぞれおかわりした。

この店では予約すれば馬ホルモンのしゃぶしゃぶも食べることができる。しまった、予約しときゃあよかった。主人はまだ二十代だが、素材と料理には自信をもっている。

「料理は好き好きだから、馬のホルモンはあまりおいしくないという人もいます。ぼくも牛のホルモンはあんまりおいしくないと思いますからね」

ホルモン業界の人は熱血漢が多いが、馬ホルモン関係者が一番熱い、というのが私の実感だ。

奉行の馬ホルミ昧

この日の取材からずいぶん経ってから、念願の馬ホルモンのしゃぶしゃぶを、地元の人の案内で食べに行った。ホルモン奉行も相当、欲深い。福岡県の中部、筑紫野《ちくしの》市から甘木《あまぎ》市に向かうタクシーで、六十代とおぼしき運転手とホルモン談義で盛り上がる。

「私らの子どものころはホルモンといえば馬でしたよ。いつまでも腸を口の中で嚙《か》んでましたね。ええ、この近くに馬を屠畜するところがあるんですよ。新鮮な馬のレバーは甘くて、時間が経ったのとは比べものになりません」

思い出したのか、運転手の目が遠くを眺めている。運転、大丈夫かなあ。

離れの座敷で出てきた鍋《なべ》には、透き通ったダシの底に、みじん切りのニンニクが入っている。

「見た感じはモツ鍋と同じ作り方ですねえ」

地元の人が言う。同行の三人も初めて食べるとか。

店員が大皿に並べた馬のホルモンを持ってきた。見てびっくり。輝くような桜色なのだ。新鮮であることが瞬時にわかる。同行の三人が色めきたった。

「野菜をまず入れて、食べる分だけのホルモンを入れて召し上がってください」

店員の指導で、沸騰したダシにホルモンを入れると、数十秒でくるっと丸まる。野菜はさておき、馬ホルを狙い撃ち！　ぷりっぷりっという言葉は馬ホルモンのためにあるのかーっ。あまりの美味しさにホルモン奉行は、なぜか居住まいを正す。コシがあるけど柔らかい。薄味のしょうゆ味のダシにもぴったり合う。

「うわー、これは美味しい」

「煮込みは食べたことあるけど、しゃぶしゃぶがあるのは、知らなかったねえ」

「タクシーで来た甲斐があったね」

同行の三人も感激している。私は感動して声が出ない、というのは嘘《うそ》で、けっこうはしゃいでいた。すごいぞ、馬ホルモン。これは滅多に食べられるホルモンではないぞ。牛ホルモンのしゃぶしゃぶもかなりうまいが、馬もいい勝負をしている。

「いつまた口にできるんだろう」

そんなことを考えながら店を後にした。

大阪市内でも馬肉が食べられるよ——。馬のホルモンを食べたことがない編集者が私を誘惑する。さすがホルモン奉行の編集者、あなたも相当好きですね。

地図を頼りに大阪・ミナミの馬肉専門店「ホース」（巻末参照）に出かける。サイボシ（五章で紹介）、高根《こうね》（たてがみのつけ根）、心臓の動脈、馬肉のタタキ……といろいろ食べたが、ごま油と塩で食べたレバーは最高でしたね。熊本から空輸しているかで、屠畜《とちく》したばかりのような小豆色。口に入れると、サクッとしてて濃厚だけどさっぱりしている。臭みはまったくない。牛より馬のレバーのほうがうまい、と馬派は言うが、なるほど、あなたがたが主張するのがわかりました。三人前食べても、まだ食べ足りないくらい。いや、毎日三食いきたい。これから私も馬派になろうかしらと考えるほど、その食感、味わいは抜群だった。

家が焼肉屋で新鮮な牛レバーを食べつけている〝レバー評論家〟の編集者も、馬派に傾いている（ように見えた）。いろいろ注文したので安くはなかったが、ホルモン奉行も編集者も充分に満足して帰ったのだった。仕事で合流できなかった嫁はんに「馬のレバー、おいしかったでー」と報告すると、床に穴が空くほど地団太踏んで悔しがっていた。

私は大阪市内にある別の馬肉の専門店でもレバーを食べたが、ここはふにゃふにゃで新鮮なそれの濃厚な味はなかった。そこも熊本から空輸していたが、モノが違うんでしょうな。店によって当たりはずれはあるが、ヒットすればすごい。場外ホームランを目《ま》の当たりにしたような衝撃がある。また行くから、待ってろよ、ホース君。

日本の馬の屠畜頭数を調べてみたら、二〇〇七（平成十九）年は熊本が七四一二頭で断トツ。二位は福島の二四八一頭、三位は青森の一三一四頭、四位は福岡の一二七七頭と、九州と東北勢が五位の岐阜（五七五頭）を大きく引き離している（「平成19年畜産物流通統計」）。

ちなみに全国一の生産量を誇る熊本県は、もともと馬の産地で、江戸末期から馬肉の専門店があったとか。その伝統は今でも受け継がれ、普通の焼肉店にも、馬刺しはもちろんのこと、ホルモン、馬レバー刺などが置いてあるところが珍しくない。ホルモンも充実しているところがいい。

「この前、向野（大阪府羽曳野市）の友達に、馬のホルモン送ってもろて食べたけど、うまかったで」

ある日、知り合いと電話で話していたら、またまた耳寄りな情報を教えてくれた。なんだ、大阪市在住の奉行にとって、ほとんど地元ではないか。灯台下暗しとはこのことだ。さっそく予約して送られてきた馬ホルモンをいただく。素揚げした油かすだ。これをフライパンで空炒りし、しょうゆで軽く味付けして食べる。こりゃあ酒の肴《さかな》に最高だー。肺はムチッとしていて、薄く切ってポン酢と一緒に食べたら抜群だった。冷蔵庫に入れたら一週間ぐらいはもつ。宅配してくれるというのもいい。それにしても馬のホルモンって、意外によく食べられているんだなあ。

向野の馬のホルモン

罰《ばち》が当たるほどうまい猪《いのしし》

「猪のホルモンを食べさせる店があるで。これがまた、うまいんや。わし、びっくりした。いっぺん食べなあかんで」

モツべきはホルモン友達、略して〝ホル友〟だ。そこまで言われたら行かないわけにいかない。

この猪、少なくとも縄文時代から食べられていたようで、当時の遺跡から解体痕のある猪の骨が出土している。八世紀の初頭には、猪などの動物は野に放ちなさい、という詔勅まで出ている。けっこう食べられていたわけである。

奈良市内から南東の方向、三重県境近くにある御杖《みつえ》村に車で向かう。夕方に出発したのだが、すぐに日は暮れ、人家もまばらに。そのうち真っ暗な山道に入り、対向車も来なくなる。出発して約二時間。心細くなりかけたころ、闇夜の中にロープ状の電飾が見えた。ようやく猪肉料理「山おやじ」（巻末参照）に到着。店名が直球勝負でいい。店の経営に携わる坂口明男さんが開店のいきさつを話してくれた。

「親父《おやじ》がこの近辺の山へ柴刈りに、じゃなくて狩りに行くんですが、一緒に行く猟師が猪を捌《さば》いたときに内臓を炊いて食べるんですわ。近所の人に食べてもらったら評判がいいし、ほかす（捨てる）のはもったいない、ということで三年前に店を始めたわけなんです」

父親の趣味で開いた店なのだ。さっそく、猪のレバーを炭火で焼いていただく。うん、サクッとした食感で歯ごたえがあり、なおかつあっさりしている。牛、豚のそれより淡泊だ。

「これ、牛のレバーで新鮮なのと同じですねえ。甘いですねえ」

レバーを偏愛する編集者も感激している。

「わしも最初は猪のホルモンと聞いて、なんかえぐいんちゃうかという先入観があったけど、違うやろ。食べてや、わしは残さんでー」

店を紹介してくれた知人のテンションが高い。

次はこの店のオリジナル、野菜とレバーの蒸し焼き。鉄板に山のようにもやしとレバーを乗せ、ジュージューと焼く。かさが三分の一くらいになったところで食べ始める。淡泊なレバー&もやしが、赤味噌《みそ》と見事に合体している。こんないい目をしていいのでしょうか。罰が当たりませんように。

料理を任されている店長は三十一歳。つきだしの鹿肉とエリンギのバター炒めといい、猪肉の唐揚げといい、料理の腕は確かだ。聞けば昼間は生コン車の運転手をしているという。

「どんな料理が喜んでもらえるか、いろいろ試作している段階です。ま、楽しんでやらせてもらってます」

「山おやじ」という店名に似合わぬ若き店長は、そう言ったあと、なんともいい笑顔を見せた。経営者も店長も趣味でやっている、というのもいい。

赤ずきんちゃんを食べたオオカミみたいに、おなかいっぱいになって帰路についた。帰り道、真っ暗の山道を車で飛ばしたが、ずいぶん道に迷った。やっぱり罰が当たった。

ホルモン文化は多様だ

「子どものころ、どんな肉を一番よく食べてました?」

今回の取材で、何人かに聞いてみた。北海道出身の五十代前半の男性は、馬肉をもっともよく食べていたという。信州と同じだ。鹿児島出身の四十代前半の男性は、子どものころは肉といえば鶏肉が主だった。肉屋には「かしわや」の看板が上がっていたという。

三重県・芸濃町《げいのうちょう》(現・津市)在住の中村徹さんは、「この辺りは、肉に関してはけっこう豊富でした」と語る。

「川が近いので、子どものころは夏になると鮎を毎日、手製のヤリで突いて家で食べてました。今は上流にダムができて川が死んで鮎もいませんけどね。

昔は動物性タンパク質を取るために、山が近いので、猟師が捕ってきた野兎、猪、鹿、鴨、雉《きじ》を食べてました。猪や鹿は、肉はもちろん、レバーもたまにもらいましたね。他には鯨の角煮とかベーコン。それに牛のホルモンの煮込み。その合間に犬を炊いて食べていました。隣接する部落で解体してたんですよ。部落の人も、部落外の人も食べてましたよ。僕が幼稚園か小学校のころだから四十年以上前です。

犬はそれと知らずに食べてましたが、おいしかったです。野兎の味に近いですね。内臓は食べなかったです。一番よく食べてたのは鶏かな。家で飼っていましたから。ここでは豚肉はあまり食べなかったですね」

平山さん、ヤーさん以外で、日常的にこれだけいろんな肉を食べていたのは、私が取材した限り中村さんだけだった。山が近いなどの地理的条件によって、食べる肉は違うのだ。周辺を案内してもらったが、川はすぐ近くにあるし、山も歩いて数十分の距離にある。肉といえば小さな肉屋かスーパーで買う豚と鶏肉が中心だったわが家は、今思えば、なんとも乏しい食肉生活である。

芸濃町では、今でも季節になると猟はおこなわれていて、猪や鹿は食べられるが、犬は次第に食べられなくなったという。犬を食べなくても他の肉が容易に手に入るようになったことに加え、愛玩動物を食べることへの罪悪感もあったのではないかと中村さんは推測する。流通や文化、価値観の変化によって食生活は変わる。

東北地方を中心に活動している猟師・マタギの世界では、牛肉とも豚肉とも違う食文化がある。内臓も大活躍だ。

熊の内臓は「ウチ」といい、内臓だけでつくった汁は「ウチ煮」と呼ばれる。熊の内臓には独特の呼び名がある。心臓は「サベ」、肺は「赤キモ」、胆嚢《たんのう》は「キモ」、横隔膜は「蓮華《れんげ》」、子宮は「オビ」、ペニスは「サッタテ」。いろんな呼び方がありまんなあ。部位の呼び名がこれだけあるということは、やはり昔から食べていたんでしょうなあ。熊を骨ごとぶつ切りにした「ナガセ汁」は、骨の髄のエキスや脂《あぶら》がたっぷり入って最高だという。豪快でんなあ。

カモシカの内臓は「ヨドミ」。これを煮た汁は「ヨドミカヤキ」という。ウサギの内臓は「ワタ」で、内臓だけを煮た汁、「ワタカヤキ」もある。マタギの世界は本当に、内臓を無駄にしない。

こうやって見ると、地域によって食べている肉、ホルモンは微妙に異なる。日本は狭いようで広いのだ。

駅前にはコンビニとパチンコ屋、全国津々浦々にあるファストフード。ニッポンの風景や文化は、見方によれば均質化してしまっている。でも、ホルモンを通してながめてみると、意外に多様な列島の姿が浮かび上がってくるではないか。

兵庫県神戸市には、関西では珍しい豚ホルモン専門の肉屋がある。なんでまた？と聞いてみれば、近くに沖縄、沖永良部《おきのえらぶ》、奄美《あまみ》出身の人が数多く住んでいるからだという。沖縄文化圏では豚肉が主であることはすでに述べた。ふるさとと食生活は、どれだけ距離が離れていようと、切っても切り離せないものらしい。感心しながら豚の各部位をその店で買い込んでせっせと食べたら、ちょっとブタになってしまった。

4 油かすの巻

大阪名物・油かす料理

私が住む大阪で、最近「かすうどん」と書かれた看板をよく目にするようになった。えっ、かすを知らない？　これは解説しとかなあきまへん。牛の小腸を脂《あぶら》ごと揚げたものを「油かす」という。「煎《い》りかす」あるいは略して「かす」と呼ばれることもある。ほら、一章で紹介した、大阪府羽曳野市・向野や奈良市・畑中《はたけなか》の雑炊に使った食材ですがな。馬や豚の油かすもあるが、圧倒的に牛のそれが流通している。あまり上品な名称ではないが、なぜかこのかす入りのうどんが、大阪ではブレイクしているのだ。食肉産業を担ってきた部落でつくられ、食べられてきた食材なのだが、ここにきて、にわかに部落外でも食されるようになった。

この油かす、見た目は育ちすぎたカタツムリみたいで、初めて目にした人は「本当に食べ物？」と思いかねないが、適当な大きさに切り分けて料理に入れると、柔らかな食感と独特のコクが出て、やみつきになる。

「普通のうどんにする、それとも、かすうどんにする？」

と問われれば、私は迷うことなく、かす入りを選ぶ。

私の〝かす初体験〟は、大人になってからである。今から七、八年前。知り合いに連れられて行った大阪・JR環状線芦原橋《あしはらばし》駅前の料理屋「岳《たけ》」(現在閉店)で、初めて口にした。

「え、油かす食うたことないんか? お前、ほんまに部落民か?」

ほっといてくれ。わしは食うてなかったんじゃー。心の中でそう叫びながらおくびにも出さず、水菜と煮た油かすを頬張ったら、自然と笑みがこぼれてきた。ふわふわしたかすの、肉でもない、かといってホルモンでもない独特の味わいに心が打ち震えた。それから油かすの探求は、私にとってライフワークになったのであった。あ、ちょっと書き過ぎたかも……。

カナダ人も感激!!

油かすを含めた部落の料理を、日系カナダ人三世のジャーナリスト、デイビッド・スズキさんが一九九五年に訪日した際に取材した。場所は私が初めて油かす料理を食べたのと同じ「岳」。そのときの話を、ケイボ・オオイワさんとの共著『The Japan We Never Knew』(知られざる日本)の中で触れているので、少し長いが引用してみよう。( )内は、私の補足である。

「太田恭治さん(大阪人権博物館主任学芸員)はジーンズにTシャツという気楽な

格好だった。地元の太鼓集団『怒《いかり》』のリーダー、浅居明彦さん（部落解放同盟浪速《なにわ》支部書記長）はスーツを着て煙草《たばこ》を吸っていた。

浅居さんと太田さんが食事に誘ってくれた。我々は芦原橋駅まで歩いていった。周囲は狭い道で、小さな店や食堂が軒を連ねていた。太田さんと浅居さんは、これからとる食事で、私がびっくりするだろうと予想してほくそ笑んでいた。外から見ると料理屋は小さいように見えたが、いざ中に入ってみると、いくつもの部屋に仕切られていて、外見より広かった。

我々は畳の上に座った。太田さんは、ここに部落の食べ物を紹介するために来たんだと説明してくれた。そういう食べ物は、ほとんどの日本人は試す機会がない、ということだった。太田さんと浅居さんが冗談めかして、このような美味《おい》しいものは日本社会には知られない方がいい、と言った。

料理が来た――。決して普通の日本料理ではない。腱の煮こごり、馬肉の燻製（サイボシ＝五章で紹介）、腸（油かす）、麺類、キムチ。部落の人たちは動物の屠畜を生業としたが、代わりに残り物を食したのである。浅居さんは笑いながら続けた。

『世間の人たちはどんなに美味しいかわかってないし、僕たちも教えてあげないよ』

太田さんがうなずいた。我々が思い浮かべたのは、アフリカ系アメリカ人が小腸、前足、テールなどを調理した『ソウルフード』を誇りにしているということだった。

浅居さんはまた、学生時代の面白い話をしてくれた。学校では、部落の子どもたちは、自分たちが口にしている部落の食べ物を部落外の子どもに見られるのが嫌で、隠して弁当を食べていた。ある日、浅居さんが教室を見回してみると、在日コリアンの子どもも弁当を隠していた。その時、浅居さんはその子どもに近づいていき、何を食べているのか観察し、交換を持ちかけた。

太田さんは部落と在日コリアンは同じように、差別され、条件の悪い場所に住まわされていたので、食文化に共通点があるという。

浅居さんは言う。

『今ではこの〝おふくろの味〟ホルモン料理が好きだし、いつでも食べたいと思います。食べるたびに美味しいと思います。それは私が部落解放運動にかかわってきたからです』」

（角岡賢一抄訳）

浅居さんによるとスズキさんは、部落の料理のそれぞれを「おいしい、おいしい」と言って食べていたそうな。私は油かす料理の初体験から何度も「岳」には行き、そのたびに、といっていいくらい食べているから言えるが、そりゃどれもうまいでしょうよ。私もよく接待の場として使ってました。油かす、サイボシ、ホルモンの煮こごりを、私は部落のホルモン料理の〝三種の神器〟と勝手に呼んでいるのだが、三つとも常備している店は少ないからね。

文中に出てくる、アフリカ系アメリカ人（黒人）が食べる「ソウルフード」で、おもしろいエピソードがある。

浅居さんと太田さんから部落のホルモン料理の背景を聞いたスズキさんは、

「それはソウルフードですね！」

と言った。浅居さんはすかさず、

「いや、韓国料理と違いますねん。部落の料理ですねん」

と説明した。スズキさんは今度はアメリカのソウルフードの由来を説明し、浅居さんの勘違いに、一同爆笑になったらしい。お茶目な浅居さん！

「かすうどん」に惚《ほ》れた男の青春

部落のホルモン料理の〝三種の神器〟の一つ、油かすに話を戻そう。

　この油かすが入ったうどんに取り憑かれた男がいる。大阪・八尾市在住のM君、二十四歳。生まれ育った部落に、行商のおばさんがリヤカーでホルモン類と一緒に油かすを売りにきていたので、子どものころから、水菜と一緒に炊いたり、お好み焼きに入れたのを食べていた。その彼が初めてかすうどんに出会ったのは高校三年の初夏だった。ロックバンドの練習の帰りに、大阪・松原市内のかす料理専門店で初めて口にした。かすそのものの味わいと独特の風味がしみこんだダシに、M君はすっかり惚れ込んでしまった。

「それから半年ほど、週に二回は原付きバイクで三十分かけて店に通ってましたね。晩飯食った後でも行ってました。食べてない週の週末は夜寝れないんですよ。今週食ってないと思たらあかんのです。そんな自分が許されへん。気が合う友達がいたら、店を接待場所みたいに使ってました。これがかすや、一回食えと。十人連れて行ったら九人はうまいと言いますよ」

　かすうどんの魅力について語るM君の瞳がきらきら輝いている。恋愛の情に取り憑かれることを恋煩《こいわずら》いというが、彼の場合、〝かす煩い〟である。雨が降っていても、カッパを着てバイクに乗って食べに行ったというのだから、相当な〝かすフェチ〟である。かすうどんが好きな友人と週に二回は店に通うことを誓い合った。うーん、そういう青春もあったのか。それにしても何が彼をそこまでひきつけたのだろうか。

「うどんのダシがしみた、ふにゃっとしたかすが好きなんですよ。店で出てきても、最初は麺だけを食べる。で、後半、味がしみてきたかすをいただく。仲間うちでは〝当たり〟って呼んでるんですけど、たまに、麩《ふ》みたいに柔らかくなってるのがあるんですよ。それがもう、庶民のトロっていうくらいうまいんです」

当たりを思い出したのか、M君の瞳がさらに輝いている。最近、かすうどんを出す店が増えてるけど……と水を向けると、待ってましたとばかりに油かす愛好家は言った。

「数は増えてるけど、本物ではないですね。それは言うとかないかん」

M君お薦めの店に行った。かすうどん、焼き飯、豆腐との煮込み……。まさにかすづくしのメニュー。どれも五百円以下で安い。ええい、全部頼んだれ。最初に出てきたかす豆腐をひと口。「カリッ」と「ふわっ」が見事に同居している。塩味もちょうどいい。

「これまで食べてきたかすの中で、いちばんうまいわ」

食べる取材だけは必ず都合をつけてついてくる嫁はんが、開口一番、そう断言した。

最後はかすうどんで締める。どんな食材でも出ない味わいがじんわり腹にしみわたる。先に食べ終わった嫁はんは、こちらのかすを狙いにきた。

「今度また来ようね」

攻撃的だった嫁はんが、食べ終わると優しい顔になった。

この油かす、店で出すところもあるが、家庭でも様々な食べられ方をしている。

一章でホルモンの煮こごりを紹介した、奈良市・畑中の山岡奈智子さんは、油かすを入れた団子汁が好物だという。沸騰した湯に一口大に切った油かすと小麦粉と水を混ぜてつくった団子に、しょうゆ、味の素を加える。山岡さんが、油かす汁の効用を語ってくれた。

「これは誰にも教わってへん。自分で考えてつくったんです。油かす団子汁って言うてるんです。油かすはこっちに嫁いで来て知りました。すごくおいしいし、食べると顔や肘《ひじ》、膝《ひざ》が光るんですよ。それにあれ飲んだら、しんどくならない。体調もよくなるんですよ。毎年、三千円分くらい買って、一年間、大事に使うんです。今では一番の好物になってます」

ほう、そういう効果があるんですか。美味であることに加えて、体調をよくする効果もあるのですね。そこまで大事にされたら、油かすも幸せに違いない。

私もこの取材でかなり食べたけれど、光ってたのだろうか？

油かすのルーツを探る

「油かすって知ってますか？」

この取材を始めてから、所かまわず、誰彼かまわずこの質問をぶつけてみた。

「畑にまく肥料ですよね」

こう答える人が少なくなかった。いいえ、違うんですよ。油かすというのはですね……、私はにわかに「かす奉行」にならざるを得なかった。たしかに菜種油をつくった後にできる肥料も油かすという。どの辞書を調べてみても、この肥料のことが書いてある。悲しいかな、食べ物のほうは認知度が低い。部落の食文化であるのは間違いないが、ムラによっては食べないところもある。例えば、大阪市内の矢田では油かすは昔から食べられてきたが、数キロしか離れていない浅香では流通していない。不思議だなあ。

それにしても、なぜ「油かす」というのだろうか。調べてみると意外や意外、せっけんの歴史と関係があった。牛、馬、豚を屠畜・解体する際に出た脂を鍋・釜で炒ると油が出てくる。脂が油に変わるわけである。その油でせっけんがつくられていた。

油をとった後の塊《かたまり》も食べていた。つまり、油を取ったあとのかすだから「油かす」。「そのまんまやがな！」とツッコミを入れたくなるような命名である。

では、油かすはいつごろから食べられていたのだろうか。私がひそかに〝食肉博士〟と呼んでいる部落史研究家の臼井寿光さんによると、江戸時代の後期に大阪・八尾の膠《にかわ》屋の大福帳に、さらに明治の十年代には兵庫・姫路の白皮なめし屋の算用帳に、食用の油かすに関する記載があるという。少なくとも江戸時代後期には、油かすが食されていたことが考えられる。

大正末期から昭和初期にかけて大阪市内の被差別部落の食生活を調査した資料にも、二カ所の部落で油かすが食べられていた記録が残っている。私の両親に聞くと、戦前、ホルモンの行商が来たときには必ず油かすも売っていたという。わがムラでは、菜っ葉と炊いて食べていたそうな。戦後になり、スーパーなどができるようになって行商も来なくなるにつれ、食べられなくなっていった。一九六三（昭和三十八）年生まれの私は、油かす料理を食べた記憶がない。以前は多くの部落にも行商が来て売っていたが、今ではなかなか手に入りにくい食材になってしまった。残念。

いずれにしても、部落では、ずいぶん前から食べていたわけである。

せっけんと油かすの関係を知るため、兵庫県姫路市在住のホルモンの生き字引、ホルモンキングの平山富幸さんに話をうかがった。

「わしが屠場で働きだした昭和二十一、二年のころ、屠場の裏側にIさんという人がおったんや。屠場から出た脂を三日分溜《た》めとって、大きな鍋で炒ってた。一回でおおかた一斗缶（十八リットル）ほど採りよったわ。あの時分はそれが一万円で売れた。その商売でIさんは大きな家を建てた。今でこそラード（豚）とヘット（牛）に分けよるけど、昔は牛も豚も、一緒に入れてた。子どものころは油かすができる三十分前にサツマイモをほうり込んで食べた。これがまた最高にうまかったなあ。できた油かすは近所の人が買いにきよったで」

一斗缶一万円というのはいかにも高すぎると思い、他の資料で調べたら、その通りだった。ほんまに価値があったんですなあ。平山さんによると、せっけん用の油をとることよりも、食用に重点が置かれはじめたのは一九八〇年前後からで、ヘットが値下がりしたのがその原因だという。

熊本県八代《やつしろ》市でも五〇年代半ばごろまで、老廃牛の内臓を炒り、せっけん用の油を採取していた。その過程でできるのが「油かす」だが、八代では「すめかす」と呼ぶ。市内で肉牛の肥育農家を営む吉本洋一さんによると、「絞めかす」が訛《なま》って「すめかす」になったという。大腸や小腸を炒り、油を取っていたが、手間と暇がかかるわりには儲からなくなった。加えて家庭にも冷蔵庫が普及し、保存食が必要なくなるにつれ、段々つくられなくなったという。

牛の脂《あぶら》を見直した

どこの屠場でも、牛や豚の脂肪は脂専門の業者が引き取りにくる。業界の事情を聞くため、平山さんの案内で姫路化成事業協同組合の事務所を訪ねた。すぐわきにある工場では、コンテナ状の巨大な鉄の箱に、加工前の脂がたっぷりと入っているのが見える。

ホルモンの取材できたんですが……と切り出すと、たちまち組合の専務、前田昌壱さん、理事長の高見弘さんと、どの部位をどのように食べたらうまいか、のホルモン談義になった。ホルモンキングの平山さんがいると、すぐにこうなる。ひとしきり盛り上がった後、本題に入る。

――ここでは脂はどこの部位がどういうふうに加工されてるんですか?

「加工されるのは皮と肉の間にある皮脂《ひし》と牛脂《ぎゅうし》です。牛脂は主に腹脂《はらあぶら》です。その中でも腎臓のまわりについてるケンネと言われる部分が一番いいんですよ。牛肉買《こ》うたらついてくるやつです」

高見さんが懇切丁寧に教えてくれた。

「腎臓は血管を取って塩焼きにしたらうまいんや」

平山さんの言葉で、またしばらくホルモン談義になった。

——ところで、昔はどういう方法で加工してたんですか？

「うちは創業五十年になるけど、昔は洗濯せっけん専門でいっきょりました。そのころは石炭で釜を炊いてました。脂の中に水と硫酸を入れると油が浮いてくる。それを杓《しゃく》ですくってた。かすはほかし（捨て）よったね」

前田さんが身ぶりをまじえて解説してくれる。臭気や廃水に難点があったため、八〇年代に機械化をはかり、現在では牛脂、骨を含め一日十トン前後の油脂を生産しているという。

——ここで精製された油は、まだやっぱりせっけんに使われてるんですか？

「それはわからへんなあ。油脂会社にでも聞いてみたらどうですか」

前田さんに言われ、私はさっそく、せっけんをつくっている油脂会社に問い合わせた。

——工場で精製された油脂は、今は何の原料になってるんでしょうか？

「はい、固形せっけんに使われています。うちでは一〇〇％国産の牛脂を使ってます。

ちなみに洗濯用や化粧用に使われる固形せっけんは、せっけん全体の中では数％しか生産されてないんですよ。あとは、ヤシ、菜種、大豆を原料にした粉せっけん、液体せっけんが圧倒的に多いんです。ただ、それらの植物性油脂よりも、牛脂を使ったせっけんのほうが皮膚には穏やかなんですよ。人間も牛も同じ動物ですから」

目立たないが、牛脂は昔も今も大活躍している。これまであまり牛の脂のことを考えたことがなかったけれど、こんなに役に立っているとは思いもしなかった。牛の脂を見直した。

メイキング・オブ・油かす

食べたことはあるものの、この油かすがどのようにしてつくられるのか、ホルモン奉行は知らない。さっそく製作現場を訪ねてみることにした。

滋賀県大津市にある大津と畜場は、山腹の緑に囲まれた場所にある（現在閉場）。京都市内でホルモン販売などを手がける「きむら」の若き専務、木村毅彦さんが、内臓の洗い場から近い屋外のテントの下で、うねうねと長い牛の小腸の脂を手際《てぎわ》よく小刀で切り分けていく。硬いスジは切除する。洗い場から水洗いされたばかりの脂が、ひと抱えもあるプラスチック製の籠《かご》に入れられて次々と運ばれてくる。カリフラワー

牛の小腸の脂。これを揚げると油かすになる

状の白い脂は、思わず手を突っ込んでみたくなるほどホルモン奉行的には美しい。直径一メートルほどの大鍋が四つ。前回炒った時に出てきた油を熱し、小腸の脂を一気にほうり込む。あとは色づくまで鉄の棒で時々かきまぜる。

「油かすはこのごろお好み焼き屋さんで人気が出てきたみたいやね。口コミやね。中に入れたらうまいからね。うちの近所にもお好み焼き屋が四軒あるけど、どの店も置いてる。焼きそばに入れてもおいしいし、オムレツに入れる店もある。けっこうおいしいですわ」

ショック！　私の知らないところでオムレツにも入ってたのか……。水菜と煮るのが一般的なのだが、木村さんは食べたことがないという。同じ食材でも地域によって料理法は変わる。

「こうやって毎日つくってます。最初はおもしろかったけど、もう飽きたね（笑）。毎日注文があるから、毎日つくらんと追いつかへん。いっぺんにたくさんできひんしね。油かす、大人気、絶好調って書いとってよ！」

木村さんの舌も絶好調である。

「油かす揚げたら日本一って書いたってよ」

黄色いヘルメットをかぶった屠場の労働者から声がかかる。そうこうしているうちに、白っぽかった小腸がだんだん色づいてくる。

「小腸の脂でも、和牛（肉牛）と乳牛では見た目も味も違うよ。和牛のは柔らかい。出来上がりもF1（和牛と乳牛との交配）は黒っぽいからね」

モノを入れてから小一時間。きつね色になったところで鉄製の網ですくい上げる。半分ほどに縮んで丸っこくなった油かすの完成である。

注文次第で脂を取った小腸を揚げるときもある。京都では「ホソ」というらしい。脂を取った分、細くなるからそう呼ばれるのだろう。ちなみに大阪では「ボリ」、あるいは「ボリボリ」と呼ぶ。脂つきは切り刻んで料理に入れることが多いが、このボリは塩がふってあってそのまま食べることができる。おやつや酒の肴《さかな》に最高だ。私が住む大阪市の精肉店でよく買って食べるのだが、パリパリしていて、ほんのりと内臓特有の味わいがあり、食べ出すとやめられない、止まらない。

このボリ、料理に入れると、これまたうまいんだなあ。油かすは脂からじんわりいいダシを出すけど、ボリはそれ自体を楽しむのだ。モツ好きにはたまらないでしょう。

洋風であれ和風であれ、スープに入れるとそらもう、ええ仕事しまっせ。

こんがり揚がった油かすを見ていたら、いても立ってもいられなくなった。屠場を辞したその足で、編集者ご用達の京都市内のお好み焼き屋、「山本まんぼ」(巻末参照)へ。雑誌の「お好み焼き特集」には、必ずといっていいほど登場する店である。

かす自体も美味だが、かすからにじみ出た油が、お好み焼きを一段とグレードアップしている。何かが違うんである。たらふく食べた後、考えた。「普通のお好み焼きにする? それともかす入りにする?」と聞かれたら、間違いなく「かす入りで」と即答するだろうな、と。かすを知ってしまうと、それがないとなんだか物足りないのである。かす入りのお好み焼きはよく紹介されるが、このかすが、ムラで食されている食材であることは書かれることはない。油かすは部落の食材なんです。覚えておいてください。

千葉から修学旅行で来た中学生一行が店から出て行った後、パンチパーマの強面《こわもて》のご主人、山本孝雄さんに、それとなくインタビューを試みた。

「油かすって言っても知らない人が多いんじゃないですか」

「肥料と間違う人が多いね。わしは白い粉やと言うてんねん」

「?・?・?」

「クセになる。合法的な麻薬や」

このご主人が言うと、冗談に聞こえない。ま、確かにクセにはなりますけど……。

沖縄にも油かすが

ホルモンの取材を始めてから、仕事であれプライベートであれ、行く先々でつい市場、百貨店、スーパーの肉売り場に足を運んでしまう。豚と牛の割合、産地、内臓の種類、どんな加工品があるか……。張り込み中の刑事のように目を光らせ、じっと商品をながめる。ときにはそれらの情報を素早くメモする。売り場の人には、ライバル店の人に見えているのかもしれない。我ながら仕事熱心さに、自分をほめてやりたいぐらいだ(誰もほめてくれないので)。

二〇〇一(平成十三)年の夏休みに沖縄に行った。さっそく沖縄県民の胃袋・那覇の牧志《まきし》公設市場を訪ねた。何度か来たことはあるが、ホルモン奉行としては初めてだ。いやー、すごいですわ、ほんまに。沖縄文化圏では豚が中心であることはこれまでに述べたが、市場の肉売り場の店頭には、豚の腸、胃袋がどっさりと山積みされている。チラガー(豚の面皮)、テビチ(足)もある。市場近くの肉専門のスーパーでは、豚の脾臓《ひぞう》、首の肉なんていう本土ではあまり見られない部位がパックに入って売られていた。ホルモン刑事《デカ》の目は光りっぱなしだ。

たいがいの食堂、料理屋では、これらの内臓や足を使った料理を食べることができる。当然、奉行は朝昼晩の三食をホルモンで統一した。腸などの内臓を血で炒めた血イリチーなんてのもいただいた。豚だけでは沖縄文化を理解したことにはならないのでヤギも。炒めて固まった血は黒っぽいが、味はそんなにきつくない。鉄分の味がするが、血と言われなければわからないだろう。珍味だが美味でもある。

ある日、那覇の牧志公設市場でいつものように目を光らせていたら、肉片を揚げたようなものが売られていた。もしや……。

「油かすだよ。おいしいよー」

店のおばさんが言う。どひぇー、沖縄にも油かすがあったのか、しかも豚の……。そういえば沖縄出身の知り合いの女性が、油味噌は豚の油かすを使うと言ってたっけ。現物を見たら胸がときめいた。値段を聞くと袋に入って二百五十円。安いやおまへんか。店を離れるやいなや食べてみた。うん、このままでもいける！　かりっとした歯ごたえがいい。意外にあっさりしていて塩味がきいている。鶏の唐揚げをうんと淡泊にしたような感じ。ひとつ口にしたら、もうやめられない。油かすは部落の食材と思い込んでいたので、まさか沖縄で油かすに出会えるとは思わなかったさー。感動しながらルンルン気分で国際通りを食べながら歩いた。

　後日、国際通りからちょっとはずれた首里のスーパーでも、「あぶらかす」と書かれ、パックに入ったのが売られているのを見つけた。ワンパックで二百円。牛のそれに比べると、やっぱり格段に安い。スーパーで売られているということは、けっこう食べられているんだ。

　たまたま入った那覇の高良《たから》精肉店で、店主の高良成年さんに油かすのつくり方を教わった。

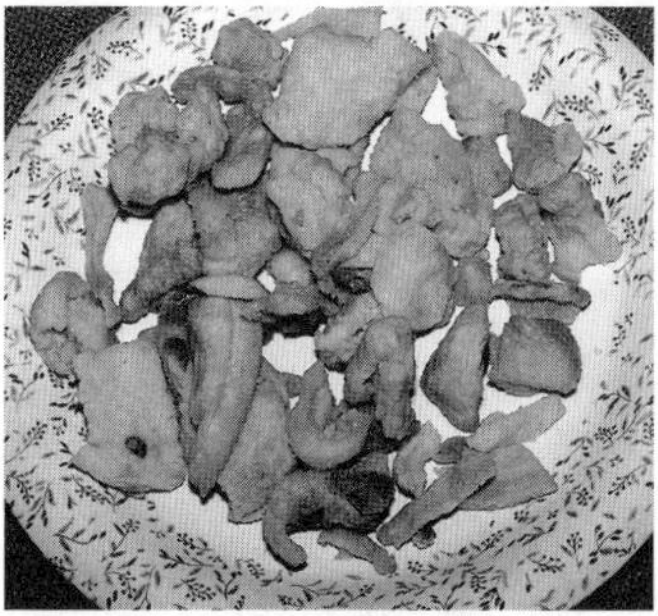

那覇で見つけた豚の油かす。炒めるもよし、汁物にいれるもよし

「使ってるのは豚の背脂ですよ。うちでも昔はつくってましたよ。適当な大きさに切ったのを鍋に入れて、ひたひたになるくらい水を入れて炊《た》くんです。そうすると油が浮いてくる。水分が蒸発して油が残る。これがラードですね。カリカリになったのに塩をふったらできあがりです。ジューシー（雑炊）にぶちこむこともあるし、野菜炒めや味噌汁に入れることもあります」

　けっこう活躍してますがな。豚の油かす料理は町の食堂のメニューにはなかったので、家でつくってみた。汁物に入れると、カリカリがふんわり柔らかくなっていた。豚肉の味がほのかに加わったようなあっさりした風味。野菜炒めも試してみる。野菜類をウスターソースと塩、こしょうで味付けする。油かすがソースを吸い込んで存在感を示している。柔らかい野菜と、ほどよい固さのかすがうまくマッチしている。汁物、炒めもの、そのまま……といろんな食べ方があるが、個人的には炒めものがいちばん印象に残った。

本土と名称が同じなのは偶然か、それともどちらかから製法が伝わったのか。謎《なぞ》は深まるばかりだが、さすが豚文化の沖縄、何でも食べるんだなーと感心した。ちなみに関西では「牛は鳴き声以外、全部食べる」と言われるが、沖縄では豚が牛にとってかわる。この言いまわしも、どちらがオリジナルなんだろう。

本土には豚の油かすがないだろうと思っていたら、広島市内でも豚の油かすを売る食堂があった。郵送してもらい食べたが、広島産は固くてそのまま口にするより料理に使ったほうがいい。この店には馬肉の油かすもあり、これはそのまま食べると独特のコクがあり、絶品。いくらでも欲しくなる（誇張ではない）。

さまざまな部位の油かす

油かすといえば牛の小腸の脂を炒《い》ったものが代表的だが、実はさまざまな種類があることをこの取材で知った。北海道・知床半島の斜里《しゃり》町では、電灯がなかった一九五二（昭和二十七）年まではアザラシの脂を燃料にしていた。油を取った後はおやつにしたり、野菜を入れて炊いて食べたという。地域によって、いろんな油かすがあるものである。

食肉博士で部落史研究家の臼井寿光さんのふるさと、兵庫県新宮町（現・たつの市）の仙正《せんしょう》で、毎週水曜日にいろんな種類の油かすをつくっていると聞き、さっそく取材にうかがった。案内役はもちろん、臼井さんである。

早朝七時、民家の軒下で、和牛肉専門店「ぶっちゃー」の職人、碓井一廣さんが準備を始めている。牛の子宮、第一胃のミノ、大腸、乳の四種類が入った大きな樽《たる》六つが、出番を待っている。計百二、三十キロはある。どれも仙正の屠場で屠畜された牛からとったものである。

まずは直径一メートル以上ある鍋をガスバーナーの火で熱する。上に白く固まっていた脂《あぶら》が溶け出す。油の温度を上げ、三十分ほど熱したところで乳、子宮、大腸の順に入れる。湯気が天井まで上がり、白濁した泡が鍋を覆《おお》う。前掛けに長靴姿の碓井さんが、船を漕《こ》ぐ櫓《ろ》のような長い棒で、鍋をかきまぜる。体力を要する仕事だ。

大釜をかきまぜる碓井さん。
3時間近くこの作業を続ける

「こういうふうにまぜとかんと、放っといたら肉が鍋にひっついてしまうねん」

そう言うと、碓井さんは鍋底にあった大腸のひとつを見せてくれた。なるほど、表面が少し黒く焦《こ》げている。

ホルモン類を入れてから約十五分。丸く縮こまり、空気を含んだ大腸が浮かんできた。白い湯気が濛々《もうもう》と立ち籠《こ》める。熱せられ、黄濁した油が、水たまりに降る大粒の雨のように踊っている。

「地獄の釜のような感じやなあ。はははは」

口ひげとあごひげをはやした臼井さんが笑っている。そう言われれば、臼井さんの顔が地獄の閻魔《えんま》に見えてくる。油っぽい湯気をシャワーのように浴びつづけていると、なんだかくらくらしてきた。ホルモンを入れてから、もうかれこれ一時間が経つ。

「中の水分を十分飛ばさんと日もちせえへんからな。そのかわりちゃんと揚げたら冷蔵庫で十日間はもつ。ラップに包んで冷凍庫に入れといたら半年は大丈夫や」

レンジで温めたら、ビールの肴《さかな》には最高やー。そう言って碓井さんは笑った。足が早いホルモン類は、こうすることによって保存食にもなるわけだ。

開始から二時間。黄濁していた油が透き通ってきた。碓井さんはひたすら棒で鍋をかきまぜている。「夏場は熱くてえらい（疲れる）で」と何度も言う。

肉の厚みが薄いミノを最後に入れる。完成間近を見越して近所のおばちゃんが見にくる。開始から二時間四十分。どの部位もこんがりきつね色になったところで終了。

さっそく、揚げたてを試食させてもらう。大腸でも尻に近い部分（直腸）が一番おいしいよ、と碓井さんに聞き、さっそくいただきまーす。ほほう、甘みがあって実に上品な味です。五百グラムくらい平気でいけそう。

「これはうまい！　うまいねー。こんなん食べたことない。いやー、うまい」

臼井さんが「うまい」を連発している。

外側がチョコレートのような色になった乳は、硬めのかまぼこみたいで独特の食感。ほのかに甘〜く、軽くふった塩とのコンビネーションが絶妙だ。どの部位とも違う、というか、食感も味も他のどんな食べ物とも違う。これは五百グラム、いやもっといけますな。油シャワー

できたての牛ホルモン各種の油かす

を浴び、やや食欲が落ちていたが、揚げたての油かすアラカルトは、地獄の閻魔とホルモン奉行を幸せな気分にさせてくれたのだった。

豚・鶏・馬もあり〼《マス》

関西では油かすといえば牛が主役だが、そればかりではない。元祖ホルモニスト、兵庫県姫路市在住の平山富幸さんは、豚、鶏、馬のそれを自分でつくる。その現場を見せてもらった。というより、頼んでつくってもらった。

一口大に切った鶏のもも肉、首から胸にかけての脂《あぶら》、皮を中華鍋にかける。若鶏は肉質が柔らかすぎて油かすには適さないという。十五分ほど空炒りしたところで豚と牛の直腸を加える。鶏、豚、牛の共演だ。

「豚の腸は皺《しわ》が横、牛は縦に走ってるやろ」

さすがホルモニスト、皺まで言いますか。

全体に火が通るように、時々かきまぜる。

「ポニー（小型の馬）の油かすも食うてみるか」

自家製をいただく。干し肉に近いくらいに炒られていて、嚙《か》めば嚙むほど濃厚な味がしみ出てくる。

「ポニーの油かすで取れた油がうまいんや。これで卵焼きをつくってもおいしいし、あかぎれや切り傷に塗っても効くんや」

何でも自分でつくる人である。一口味わってみる。あっさりしていて植物油みたいな独特の風味である。お肌のケアにもいいらしく、口にしただけで十歳は若返ったような気がした。

そのものズバリのタイトル、『「馬の油」の成分に凄《すご》い薬効があった』（木下繁太朗、主婦と生活社）によると、馬の油には、やけど、炎症、痔《じ》、アトピー性皮膚炎、皮膚のかゆみ、日焼けの痛み、鼻炎、肩こり、産後の陰門廷出（膣《ちつ》下垂）、脱肛《だっこう》、水虫、タムシ、薄毛、シミ、ソバカスなどに効くという。これが本当だとすれば、まさに万能薬でんな。

わが編集者も、お肌のケアなどに使っているという。デパートで買うと、七〇ミリリットルで、二千円。三十代半ばという年齢の割に（失礼）、お肌がつやつやだったのは、馬の油のおかげだったのか。平山さんは自家製ポニー油を瓶に詰めておみやげにくれたので、これからホルモン奉行もお肌に塗ろおっと。若返ろおっと。

炒りはじめて四十分。こんがり焼き色が付き、ひたひたになるくらい油が出てくる。しばらくするとパチパチと油がはじける。油を取り出してから、さらに炒る。菜箸《さいばし》でかきまぜると、油分と水分が抜け、硬くなった肉と鍋が擦《こす》れるシャーシャーという音がする。軽く塩をふったら、はい、できあがり。五キロあった肉が見た目にも半分以下になっている。

それでは、いただきまっせー。牛の直腸はぷにゅぷにゅしていて臭みはまったくない。豚のそれは牛に比べると、やや臭みがあるが、それがまたクセになる。焼いても鍋に入れても食べてみたが、私は油かすにしたのがいちばんうまかった。

鶏肉の中では、もも肉が抜群だ。油が抜けた後だから、鶏の唐揚げよりもあっさりしている。うまみがぎっしりと凝縮されている感じで、一度食べ出したらもう止まらない。もうやめよう、と何度も思うのだが、つい手が出てしまう。

「食べ過ぎたら、後のホルモンが食われへんなるで」

平山さんが言う。そうだ、この後の恒例のホルモンパーティーを忘れていた。

「油かすは保存がきくやろ。一杯飲みたいな思たら、レンジでチーンして、塩ふって食べたら、うまいがな」

平山さんに言われた通り家でしてみたが、やはりなんといってもできたてが一番だった。

油かすの入ったヨウショク

滋賀県に、いっぷう変わった油かすを入れた料理がある、という情報を得て、さっそく現地に行った。

JR近江八幡駅から歩いて約二十分。住宅街の中に「お好み焼き　さつえ」はあった（後に居酒屋「みのりや」として移転。巻末参照）。元靴職人の河井稔さんが目の前でつくってくれた。

鉄板に油を引き、水で溶いた小麦粉を薄く円状に広げる。お好み焼きをつくる要領だ。粉かつおをまぶし、近江八幡特産の赤こんにゃくを置き、青ネギの小口切りをたっぷり乗せる。さらに、油かすの薄切り、イカ、豚肉を放射状にぐるりと置き、その上に水で溶いた小麦粉をかける。鉄板で半熟に焼いた卵の上に焼けてきたものを乗せ、しょうゆを両面に塗りつけてじっくり焼く。しょうゆが焦げるなんともいいにおいが立ちのぼってくる。仕上げに粉かつお、かつお節、青のりを乗せて完成。できあがるまでの約十五分間が、どれほど長く感じられたことか。

「この店ではネギ焼きという名前で売ってるけど、子どものころはヨウショクと言うとったよ」

油かすを乗せたヨウショク。豚肉などを加えて焼く

河井さんが教えてくれた。姿形、味からいっても、これは「一銭洋食」である。水で溶いた小麦粉に野菜などの具をのせて焼くのだが、お好み焼きに似ている。元来は味付けがソースなので洋食と呼ばれたとか。大正だか昭和の初期だかに一銭で売られていたからこう呼ばれるようになったらしい。「さつえ」の味付けはしょうゆだ。いずれにしてもこの「ヨウショク」は「一銭洋食」から来ているのだろう。

阪神間の被差別部落には似たような料理があって、「ぶっちゃき」「やきやき」とも呼ばれ、人気があった。ただし、阪神間では油かすは入れない。かす入りは近江八幡のオリジナルなのかもしれない。

「少なくともわしの子どものころからあったから、五十年の歴史はあるはずや」

「さつえ」の常連客が胸を張った。

なにはともあれ、あつあつのヨウショクを頬張る。こんにゃく、豚、イカ、かつお、卵……、嚙みしめるごとに走馬灯のようにさまざまな味が現れる。油かすがじんわり溶けてすべての食材にからみついている。油かすは主役ではないが見事に脇役に徹している。俳優でたとえると田中邦衛みたいな役割になるだろうか。うまみを追究すべくパクパク食べ続けていたら、口の中をやけどした。

「ヨウショクが食べられる店は、昔は町内に四、五軒はあったよ。できたてを新聞紙にくるんでくれるんやけど、紙にひっつくから、せせるようにして食べたんやわ。自分で晩ごはんにこれをつくるときがあるねん。うちの子どもにも人気あるよ。ふだんは晩酌にビールを一本飲むだけやけど、これ食べるときは二、三本いってしまうねん」

店を紹介してくれた近江八幡市職員の山下彰人さんが、野球で日焼けした顔をほころばせた。言葉通り、生ビールをグイグイ飲んでいた。

「じわーっとくるかすが、ポイントですね」

山下さんの仲間で同市職員の亀岡哲也さんが、しみじみと語る。油かすはいろんなところで愛されている――。そんなことを舌で実感した夜だった。

油かすで創作料理

油かすは今のところ、関西を中心とした一部の地域で、うどんなどの料理に使われるか、家庭で食されるか、という地域限定型の食べられ方をしている。

「ぼくも最近まで知らなかったんですよ」

大阪あべの辻調理師専門学校の日本料理助教授、高橋康志先生が少しだけはにかみながら告白した。同校の中でも油かすの存在を知っている教員は少ないという。料理の専門家にしてそうなのであるから、一般の方は推して知るべし、である。ではなぜ、認知されていないのか。

「知名度が低いからじゃないですか。仮にメニューに出しても、それが何かわからないので注目してもらえない。以前に北京のホテルで働いていたことがあるんですが、土手焼きを出したけど、お客さんにはどんな料理かわからないので注文してもらえなかったことがあるんですよ。それと同じじゃないですかね」

なるほど、そういうことか。こうなったら油かす普及のため、高橋先生に一肌脱いでもらうしかない。油かす普及委員会（会員は今のところ私と編集者のみ）は、油かすを使った創作料理を高橋先生に依頼した。合計二キロの油かすを使い（本当）、徹夜を重ね（推測）、試作を重ねた結果、「かずかず（数々）田楽」「紅白かすがい御飯」（口絵で紹介）の二品が完成した。料理名に「かす」が入っているところが芸が細かい。作り方は一四八頁のとおり。

――さて、みなさん。本日は油かす普及委員会依頼による高橋先生オリジナルの二品を、成田充弘先生とともにつくっていただきました。僭越ですが、わたくし、ホルモン奉行が試食させていただきます。

まずは、かずかず（数々）田楽から。かずかずというのはいろんな食材が入っているからなんですね。基本的には味噌煮込みです。ホルモンではスジを煮込んだ土手焼きが有名ですが、油かすも負けていません。米のとぎ汁で臭みをとっただけあります。ホルモンはにおいが……という人にも間違いなく薦められますね。マヨネーズを加えても、おもしろい味になるんですか。あら不思議、西洋料理みたいになりました。トレビアーン。え？　トマトとかすを入れてスープにしても美味しいんですか。カレー雑炊にも合う？　油かすは意外と日本料理以外にも応用が利きますね。それにしてもこれは、ご飯が欲しくなる一品です。

というわけで、紅白かすがい御飯をお願いします。あはっ。なんでこれまでまぜご飯に油かすが入ってなかったんですかね。三重県に、かすを入れた炊き込みご飯があるらしいですが、残念ながらそんなに知られてません。それにしても、かすから出たダシが、ご飯にも具にもしみこんでますわ。なるほど「かすがい」の意味がわかりました。要《かなめ》になってるわけですね。

先生、ホルモンが苦手のカメラマンの亀尾美春さんが、かすだけ選んで食べてますよ。いやー、上品なお味です。すみません、もう一杯お願いします。先生、編集者が料理を持って帰るためにタッパーを持ってきたらしいんですが、もうないですよね……。

Let's cook 2

かずかず（数々）田楽

●材料（4人分）

油かす	300g
長なす	2本
こんにゃく	お好みの分量
グリーンアスパラガス	4本
花みょうが	2個

あさつき	1束
〈田楽味噌〉	
赤だし用味噌	200g
白味噌	100g
酒	100cc
砂糖	50g
みりん	50cc
ダシ汁	300cc

●作り方

① 油かすを2cm角に切り、くさみをとるため米のとぎ汁で30分間ゆで、水にさらす。

② なすは縞《しま》状に皮をむき、1cm幅の輪切りにする。フライパンに多めの油を入れ、強火で炒める。

③ こんにゃくは塩をまぶしてしばらく置き、水分が出てきたら熱湯に入れてゆで、ざるにあげる。冷めたらスプーンで一口大にちぎり、弱火で5分間炒める。

④アスパラは皮の硬い部分を取り、2cmの長さに切り、炒める。
⑤花みょうがは小口切りにして水にさらし、水気をきる。
⑥あさつきは小口切りにして⑤と混ぜ合わせる。
⑦鍋に田楽味噌と①を合わせて火にかけ、沸騰したら弱火で10分間煮る。仕上げに②③④を入れて器に盛り、⑥をトッピングする。

Let's cook 3

紅白かすがい御飯

●材料（4人分）

米　3カップ
油かす　200g
大根　10cm
にんじん　5cm

青ねぎ　1束
土生姜《つちしょうが》　30g

〈炊飯分量〉
ダシ汁　800cc
みりん　30cc
薄口しょうゆ　45cc
塩　小さじ1
酒（仕上げ用）　30cc

●作り方

① 油かすは白い油の部分を取り、1cm角に切り、熱湯に入れてさっとゆでる。
② 大根、にんじんは皮をむき、1cm角に切る。
③ 青ねぎは小口切りにする。
④ 土生姜は皮をむき、おろし金でおろす。
⑤ 炊飯分量を合わせ、①②と洗った米を鍋に入れて炊く。炊き上がれば酒をふり、

蒸らし上がりに③④をまぜる。

実力十分、あとは知名度だ!!

「これからは油かすを使った料理も、お店に置けばどんどん売れるかもしれませんねえ」

高橋先生は、油かすの将来について明るい展望を語ってくれた。丼、焼き飯、焼きそば、サラダのトッピング……。大阪では油かすは、アイドル並みの人気がある。いまはまだ全国区ではないが、そのうち日の目を見るかもしれない。力は十分にある。あとは知名度だ。私は油かすを、ついつい売れない演歌歌手と重ねて見てしまうのだった。

こうなったら私も一肌脱ぐしかない。ねじりはちまきして宣伝カーでキャンペーンだ。

みなさーん、油かすを応援してくださーい。知られざる油かす料理の数々を、一度お試しくださーい。

5

サイボシの巻

知られざる美味

相当な肉好き、ホルモン好きでもサイボシを知っている人は少ないのではないか。馬、牛の精肉を燻製にしたものをサイボシ、あるいはサエボシという。正肉《しょうにく》（アバラ肉が代表的）を加工しているので、厳密にいうとホルモンではない。だが、その存在はあまりにもホルモン的である。油かすと同じように、主に部落内の飲食店や家庭で食べられたり、部落の肉屋で売られたりしているからである。流通の仕方やマーケットがまるでホルモン的なのだ。

サイボシといえば今では燻製を指すが、もともとは干し肉だった。竿《さお》に干したから、あるいは細く切って干したからサイボシと呼ばれるようになったとか。火であぶって、木槌《きづち》などで叩《たた》いて柔らかくした上で、生姜《しょうが》じょうゆをつけて食べた。

大阪や奈良の被差別部落には次のような仕事歌が残っている。

〽サイボシたたいて　生姜じょうゆかけて
　想《おも》う男に食わせたいよ

ひそかに惚《ほ》れた男に食わせたい、というほど美味しかったのだ。ロマンチック！

洋の東西を問わず、干し肉は保存食として昔から生産されていたようで、肉食の歴史とともにあったといっても過言ではない。食肉の歴史はこの人にお任せ。部落史研究家の臼井寿光さんに聞いてみよう。

「干し肉は、中世の初めごろを描いた和歌山の粉河寺《こかわでら》縁起絵巻にも出てくるよ。近世では宝暦年間（十八世紀半ば）に近江《おうみ》の彦根藩の記録に、牛の干し肉のつくり方が載ってる。彦根藩は藩営の屠場《とじょう》をもってたんやけど、牛肉の味噌漬けと一緒に、幕府に献上あるいは販売してたようやな」

要するに貴重品だったわけだ。

冷蔵・冷凍施設がなかったころは、肉をいかに新鮮なまま消費者に届けるかが大きな課題であった。

大阪・羽曳野市の向野《むかいの》では、冬は濡《ぬ》らした布に肉を包んで変色を防ぎ、軒下に吊《つる》した。夏には、さらしを巻いた上で籠《かご》に入れ、外気より温度が低い井戸に吊した。そのように工夫して新鮮さを保ったが、やはり限界がある。そこで干し肉にしたり、燻製処理をほどこしたりして保存期間を長くできるようにした。そうすることによって、より広範囲に行商に行くことができたわけである。

古老の聞き取りによれば、向野では一八九七（明治三十）年に馬肉のサイボシづくりが始まったという。百年以上の歴史があるわけだ。今では干し肉よりも燻製が圧倒的に流通している。現代人の味覚が、干し肉よりも燻製に傾いていった結果なのだろう。

で、サイボシってどんな味がするかって？　そうですなあ、三日に一度、いや毎日食べても飽きないかも。いいのに当たると柔らかくて、脂《あぶら》が霜降り状に入っていて極楽気分にひたれる。馬肉って、ふだんあんまり食べないけど、こんなに美味しいんだ、と再認識させられる。私はぜひとも、想う女に食べさせたい。サイボシにゾッコンになるに違いない（私に惚れさせないと意味がないのだが……）。美味しいだけあって百グラム五百円はくだらない。

先日、百グラム七百円はする、霜降りの極上サイボシを買い求め、自宅の冷蔵庫に入れておいた。泊まりがけの仕事があったので、嫁はんに「冷蔵庫にサイボシがあるよ」と伝えて家を出た。

翌日、帰ってきて冷蔵庫の中を見たら、成人男性の手首から先ほどあったサイボシが、人差し指ほどしか残っていない。私は逆上した。

「あるとは伝えたけど、誰がここまで食べ、言うたんや」

しつこく問い詰める私に、嫁はんは言い訳した。

「食べてるうちに段々減っていってん。脂のとこも美味しかってん……」

そら美味しいやろ、ご、極上やで……。煮え切らない思いで、私は残り少ないサイボシを食べた。まったく、油断もスキもありゃしない。

さてこの私、何を隠そう相当なサイボシ好き、サイボシストである。生まれ育った兵庫県の実家では食べたことがなかった。大阪市内に住むようになってから西成区の肉屋で見つけた。ほかに売っている店を知らなかったから、必要なときはわざわざバイクで三十分かけて買いに行った。飲み会などに持っていくとたいそう喜ばれるのである。

ある日、近くのスーパーでパッケージに入ったのを見つけた。「こんなところに君はいたのか」と話しかけたい気分だった。うれしかった。そのスーパーは部落内にはなかったが、部落が近かったから買う人もいるのだろう。味は落ちたが、すぐ近くで買えるので、しばらくはそのスーパーに通いつめた。ホルモンの取材を始めて、大阪・松原市の屠場近くにある肉屋でうまいサイボシを見つけた。すぐ近所にもう一軒イカす店があって、しばらくはバイクで二十分かけて買い付けに行っていた。遠距離恋愛みたいなものである。

ところがつい最近、私が住んでいる大阪市阿倍野《あべの》区のすぐ近くの矢田（東住吉区）で、サイボシを売っている肉屋を見つけた（星輝総合食品、巻末参照）。バイクで十分の距離にある。味は申し分ない。かくしてよりよいサイボシを求めつづけた私の長い旅は終わった。

要するにどこで売っているか、なかなかわからなかったのである。だから部落以外ではあまり知られていないし、食べられてもいない。もったいない話である。

職人のこだわり

私がよく買う店で売っているサイボシは、大阪・羽曳野市の向野でつくられている。向野といえば、一章でホルモン料理をつくってもらった飯野靖子さんの出身地だ。私はふたたび飯野さんを訪ねた。向野でサイボシの取材をして驚いたのは、ここではかつて、牛よりも馬で商売をしていたという事実だった。

「ここはその昔は精肉店も問屋さんも、牛より馬のほうが多かったんですよ。牛のホルモンのころ炊きも、昔は馬でつくってたんです。肉飯《にくめし》も佃煮《つくだに》もすべて馬肉です」

向野は牛の街と信じて疑わなかったのに……。思い切って飯野さんに「牛と馬のどちらが好きですか?」と聞いたら、「馬やなあ」という答えが返ってきた。ホルモン奉行の牛への一途《いちず》な愛が、少しだけ揺らいだ。

調べてみると、向野で最も多く馬を屠畜していたのは一九六二（昭和三十七）年度の四一七二頭で、大阪府内の屠馬数の六割を占めていた。この年をピークに徐々に屠畜頭数は減少の一途をたどる。

飯野さんに、つい最近までサイボシをつくっておられた山下勇さん（仮名）を紹介してもらった。ご両親も長年、向野でサイボシをつくっておられたという。山下さんが廃業せざるを得なかった背景には、食肉業界の変遷と職人のこだわりがあった。飯野さんがそのあたりの事情を説明してくれた。

「この人から聞いたんやけど、肉の質が昔に比べて極端に悪くなった。お父さんの代からのお客さんに、自分とお父さんを比べられるわけです。自分が納得できる品物を提供できないというのが、廃業したひとつの理由になってるんですよ」

山下さんが飯野さんの言葉を継いだ。

「こんなこと、ほんまは言いたないんやけどな。やっぱり生《なま》もんと冷凍もんは違いますから」

山下さんがサイボシをつくりはじめた一九八〇年ごろにはすでに輸入肉が出回りはじめていた。国内で馬を食用に肥育し屠畜するよりも、外国産を輸入するほうが安くつく。今ではサイボシづくりもそのほとんどが輸入馬肉（カナダ産）に頼っている。

職人には何かしらこだわりがあるものである。サイボシづくりは馬肉をカマで燻《いぶ》すのだが、山下さんはくべる薪《まき》ひとつにも哲学があった。

「クヌギを使ってたんやけど、同じ木でも質の悪いのはじきに燃えてしまうんですわ。北山で育ったのと南山でも違います。北山は年輪がつまってるから火も長持ちするんですよ。京都の丹波地方で採れるのがええな。あそこらは雪が深いから木が締まるらしい。こんなんあったら絶対あかんで。こんなんやないとあかん」

そう言うと、説明用に準備していたほぼ同じ長さのクヌギ二本を差し出した。なるほど、見た目には同じような木でも、持ってみると重量が違う。山下さんは、肉に煙のにおいがつかないよう、また、仕上がりの色をよくするために、薪は一度蒸したうえで木の皮を鉈《なた》で削り取った。手間ひまかけるのは、美味しいサイボシを食べてほしいという一心からだった。残念なのは、その技術を生かした商品を今では味わうことができないということである。

大阪・向野のサイボシづくり

向野でサイボシづくりを見せてもらった。午前三時から作業が始まるので、前夜、地元の食肉関係の会社に勤めながら部落解放運動にいそしむ音野修平さんの家に泊めてもらった。「風呂でも入りに行こか」と誘われ、地区内にある共同浴場に行った。

多いときは月に半分は銭湯に通う銭湯奉行の私にも、浴槽の湯が熱く感じられる。どこの銭湯の湯よりも二、三度は高い。

「食肉の仕事は、捌《さば》きにしろ洗いにしろ、冷蔵庫に入ったり、冬でも暖房ないとこで作業することが多いやろ。体を温めるために向野の風呂の湯は熱くしてあるんや」

音野さんの説明で納得した。食肉産業のあるなしで、風呂の湯の温度まで違うのだ。

午前四時前。真っ暗な向野の街を、音野さんが運転する車で走った。

「あそこはもう仕事始めてるみたいやな」

音野さんが明かりがついた作業場を指さした。現在（二〇〇一年）、向野では十軒がサイボシをつくっているという。そのひとつ、竹村商店の作業場では、竹村仁孝さんがカマに火を入れてからすでに約一時間がたっていた。十畳ほどの広さの作業場に、レンガづくりのカマがふたつ。うちひとつのカマの入り口で、クヌギ五、六本が赤々と燃えている。カマの上部には湿らせたムシロが載せられている。竹村さんがひっきりなしにムシロをめくり、鉄棒に吊された

サイボシづくりにいそしむ竹村仁孝さん

馬肉の位置を変える。

「焼くというより蒸す感じやな。手前の肉が焼けたら後ろに持っていく。そうやって一時間くらいかけて焼いていくんやわ」

タオルを首に巻いたTシャツ姿の竹村さんが作業を続けながら教えてくれた。厳密には〝蒸す〟のだが、サイボシ関係者は〝焼く〟と表現する。鉄棒にかけられた肉は、火に近い下のほうから焼けるので、上下をひっくり返して鉄の串《くし》でとめ直してふたたび鉄棒に吊す。そうすることで熱が肉全体に当たるようになる。

「手間仕事や」

竹村さんが何度もつぶやく。

カマで焼く肉は、数日前に整形して塩で味付けし、冷蔵庫で寝かせる。使われる部位はトモ、ハラミ、バラ（いずれも腹部周辺）の三種類だ。

午前四時すぎ。早くも業者が最初に焼けたサイボシを取りに現れた。なるほど午前三時に作業を始めないと間に合わないわけだ。

「サイボシは時間がたったら味が落ちる。業者もその日のうちに売ってしまう。何でもできたてがおいしいやろ」

元職人の山下さんの言葉を思い出した。

向野でつくったサイボシは、業者や行商の人たちによって、大阪はもとより奈良、和歌山、京都、兵庫にまで運ばれ、売られている。部落だけを回るから、ムラの伝統食として現在まで受け継がれている。

午前四時半。竹村さんの母親、キヨ子さんが温かいコーヒーを持ってきてくれた。今も現役で馬の腸の油かすなどをつくっている。

「サイボシをつくりだして四十年くらいになります。そう、私がここに嫁にきてから。昔はこんなカマやなしに、木の箱で焼いてましたわ。うちはもともと馬肉を扱ってましてん。昔は五頭くらい馬をつないで姫路（兵庫県）から歩いて連れてきてましてんで」

竹村商店は以前は馬の精肉を売っていたが、売れ残った肉をサイボシにしていたという。

「子どものころは、こんなしんどい仕事したいと思わへんかった」

竹村さんが肉をひっくり返しながら言った。

「盆、正月前は忙しいから寝る暇もなかった。みんな作業場で寝てたからね。それぐらい売れた。今は年末だけやね」

正月用に買うため、年末の十日間ほどがいちばん忙しいという。向野ではおせち料理にサイボシは欠かせない。いちばん儲かったのは？　という私の問いに、母親のキヨ子さんが答えた。

「昭和五十（一九七五）年ごろやね。そのころ儲けたお金を今はきだしてまんねん。はははは」

午前五時過ぎ。竹村さんの奥さんが加わる。できあがったサイボシをカマから出し、いったん別の場所に吊《つる》して熱をさまし、注文通り計量して紙で包装する。向野のサイボシづくりは、竹村商店のように、ほとんどが夫婦でおこなっているとか。典型的な家内工業である。

午前六時前。作業場の引き戸がガラッと開いた。

「あら、あんた！」

大阪市内の部落にサイボシ、牛のホルモン各種を行商しにきている顔見知りのおばちゃんだった。取材で何度か話を聞いたことがあった。話の途中で「で、兄ちゃん、なんぼ買《こ》うてくれるのん！」と巧みに商談を進める、たくましすぎるおばちゃんである。なるほど、ここで仕入れてはったのか。

「あんた、サイボシつくるとこなんか、普通見してくれやへんねんで。五キロほどちょうだい」

ひとしきり世間話をした後、「後でうちに寄りや！」と言い残し、おばちゃんは帰っていった。

午前六時。作業場のガラス窓から朝日が差し込むころ、ようやく作業が終わった。音野さんに最寄りの駅まで送ってもらう。通勤途中のサラリーマン、ＯＬがいる中、我慢ができず、いただいた焼きたてのサイボシを電車の中で頬張る。うーん、なんといってもできたてが一番だ。柔らかいなあ。塩味が肉にしみこんでいる。普通は生姜《しょうが》じょうゆで食べるのだが、まったく必要ない。あ、サラリーマンがこっちを見ている。あとは家で食べよう。

帰宅後、早朝からビールを飲みながら、母親のキヨ子さんが数日前につくった馬の油かすもいただいた。ぷるんとしてて脂《あぶら》の乗った、こたえられない一品だった。寝ている嫁はんを半ば無理やり起こし、「サイボシづくり、すごいねんで」と語り聞かせた。寝起きで機嫌が悪かった嫁はんは、できたてのサイボシと油かすを口にすると、途端に上機嫌になった。私は、馬はすごいなあと思いながらふとんに入った。

滋賀・末広町のサイボシづくり

サイボシは大阪では羽曳野市・向野や松原市が有名だが、滋賀県でも盛んだと聞いて取材に入った。向かったのは近江八幡市の末広町。かつてここでは牛スジの雑炊「ドロ」(一章で紹介)を取材させてもらったことがある。

午前四時に近江八幡市立末広会館の冨田芳秋館長に連れられてある作業場へ行くと、中にはすでに煙が濛々《もうもう》と立ち籠《こ》めていた。七十七歳のおじいちゃんが三時半から作業を開始していた。午前五時ごろ、息子夫婦が作業に加わった。ここでは隔週一回焼いているという。

滋賀・近江八幡のサイボシづくり

作業場は天井といい壁といい、煙で黒光りしている。猫の置物が黒猫になっている。こちらのカマは鉄板で三方を囲んだもので、やはり入り口付近で薪を燃やす。太めの竹に馬肉をかけ、その上に小麦粉などを入れる厚手の紙袋を湿らせて載せ、蒸し焼きにする。カマの手前の肉に火が通ったところで順繰りに後ろにかけかえる。薪は栴檀《せんだん》や桜など香りのいいものを使っているとのこと。

午前六時ごろ、最初の分が焼きあがる。向野よりもじっくり火を通している。焼きあがる時間を見計らってか、顧客が自転車や車で買い付けにくる。これと目星をつけたものは「マイサイボシ」になるようで、お客さん自らが焼き位置を変えたり、薪をくべるなどして実にかいがいしい。一番乗りだった前掛けをしたおばちゃんは、できたてのサイボシを帰りがけに自転車のカゴからさっと取り出し、口に頬張った。「硬い、硬いわ」「あ、これはおいしいわ」と言いながら去っていった。我慢できなかったんだろう。向野からの帰り、できたてのサイボシを電車の中で頬張った自分を見ているようだった。

別のおばちゃんは大阪在住の弟夫婦が帰ってくるので、買いに来たとか。おもてなし用なのだ。ひっきりなしにお客さんが来て、キロ単位で買っていく。

できたてを食べさせてもらった。食べた途端に木の香りが口の中に広がった。肉と木の香りというのも、なかなかオツな組み合わせである。人気があるのもうなずける。焼きあがるのを今か今かと楽しみに待つ人たちの姿を見て思った。子どものころから慣れ親しんできた味は、いつまでたっても忘れられないんだなあ。

滋賀の「サイボシ銀座」

近江八幡市から十キロあまり離れた豊郷《とよさと》町に、地元の農産物および畜産物を加工する「サンフーズびわこ」（部落解放広域加工センター）がある。ここではサイボシを機

サンフーズびわこの電動サイボシ製造器

械で焼いているという（現在はおこなっていない）。なんでもこのあたりはサイボシづくりが盛んらしい。同センターが把握しているだけでも、地元の豊郷町で七軒、甲《こう》良《ら》町で二軒、彦根《ひこね》市で一軒、サイボシをつくっているという。滋賀県中部は「サイボシ銀座」である。詳しい事情を同センター企画推進室長の岡田敬吉さんに聞いた。

「私は甲良町の出身ですが、このあたりは牛はあまり食べていなかったんですよ。すぐ近くの米原《まいはら》に屠場《とじょう》があって、その昔は屠畜するのは牛よりも馬のほうが多かった。昭和三十年代ごろまでは馬で運搬したり、農作業をしてましたから。私の子どものころは週に一回は食卓に馬肉が出てきました。ええ、サイボシも内臓もひんぱんに食べてましたよ」

昔は牛よりも馬を食べていたというのは、大阪・向野と重なる話である。食肉産業といえば、関西ではすぐに牛肉を思い浮かべるが、以前は、部落によっては馬が主流だったのだ。同センターでサイボシづくりを技術指導した谷川常松さんによると、かつては豊郷町にも屠場があり、昭和五十年代前半までは、多いときは月に三頭ほど屠畜していたという。「湯がいた腸を唐辛子としょうゆで食べたら、酒、なんぼでも飲めるよ」と言われたら、ホルモン奉行の好奇心と夢はふくらむばかりだ。

同センターの作業場をのぞくと、アルミで覆《おお》われた高さ二メートルほどの巨大なカマが目に飛び込んできた。カマの構造も焼く要領も、他地域と変わらない。何が違うかというと、円筒形のカマに吊した馬肉が、電動で自動的に回転するという点である。自動化することで焼け具合によって肉の位置を変える必要がない。ときどき薪《まき》(桜)をくべなければならないにしても、つきっきりでなくてもよい。ただ、この機械だと時間がかかる。取材した日も朝方に火を入れて焼きあがったのは夕方前だった。

作業を担当する小林一成さんは、農協からの出向組。「この仕事に就くまではサイボシも油かすも食べたことがなかった」が、肉の捌き方を一からおぼえ、今ではサイボシづくりにはなくてはならない人材だ。センターでは、漬物、佃煮などさまざまな食品を生産しているが、サイボシづくりがいちばん人気がある。それだけ奥が深いということなのだろう。茶髪で二十六歳の男性従業員は、「やっぱりサイボシづくりがいちばん好きです。スジ引き(スジを切除する作業)とかおもしろいです。できたて、うまいっすよ。ぜんぜん違いますよ」と熱く語った。ホルモン奉行と、何かが通じ合った気がした。

馬肉の燻製は部落だけでつくられているわけではない。馬肉の産地といえば熊本と信州が有名だ。ホルモン奉行も熊本空港と長野県の松本駅、山梨県甲府駅のみやげもの売り場で馬肉の燻製を購入したことがある。商品名はサイボシではなく「馬刺し」あるいは「ソフト燻製」だった。食べてみると部落のそれよりも固かった。

部落と部落外では歴史も作られ方も違う。例えば長野県では一九八〇年代になってつくられ始めた。作り方は、馬肉を三百グラム大に切り分け、しょうゆ、みりん、酒を加えたタレに一週間ほど漬け込み、桜やブナなどの木で一週間ほど燻製処理する。部落の場合、タレには漬け込まないし、一時間~二時間で燻製するのでより柔らかく仕上がる。そのかわり、水分が多いので保存期間は短くなる。みやげものの馬刺しは、リン酸塩や発色剤、酸化防止剤などの添加物も多い。製法や添加物が違うので、保存期間にも味にも違いがでるわけだ。

天日干しのサイボシ

関西の部落ではサイボシといえば馬肉の燻製を指す。サイボシには燻製と干し肉の二種類があることは冒頭で述べたが、その昔は干し肉のほうがより多くつくられていた。

大阪・向野の音野修平さんによると、一九七〇年ごろまでは、畑の敷地内で馬肉を天日干ししていたという。食生活も変わり、今ではそんな風景を見ることもない。大量に塩を擦り込むため、かなり塩辛いのでお茶漬けなどに入れて食べたという。向野では、そのころまで燻製と天日干しの両方をつくっていた。

熊本県八代市内の部落でも、一九五〇年代半ばまで牛肉を天日で干していた。吉本洋一さんによると、死んだ牛やケガを負った牛を自分たちで屠畜し、肉はムラの中で分け合った。残った肉に塩を擦り込んで屋根瓦に干した。ここではサイボシではなく「散平《ざんぺ》」と呼んだ。夏場で、五日から一週間かけ完成させた。家庭に冷蔵庫がなかった時代の話である。

馬肉の天日干しもあったが、馬肉は牛肉に比べて水分が多いため、ハエが卵を産み、そのたびに肉を洗ったりしなければならず手間がかかった。また、馬肉は黒く変色しやすい上に日持ちが悪いのであまりつくられなかったという。

天日干しのサイボシは典型的な保存食である。ふだんは肉をあまり食することがなかった山間部にも行商が売りにきた、という話をあちこちで聞いた。サイボシと聞けば、塩辛い干し肉を思い浮かべる人も少なくない。

平山さん特製、ロースの干し肉。網にひっかけて天日干しする

　つい最近、私の叔母が、「うちの死んだおじいちゃんもつくってたで」と教えてくれた。母方のおじいちゃんは、戦前に馬力引きから運送業を興《おこ》した。車が普及する前は馬が輸送手段で、馬が使いものにならなくなると、おじいちゃん自らが解体し、肉の一部を天日干ししていたという。叔母の記憶によれば、やはり味は塩辛かったとのこと。これは間違いなくサイボシである。ひょっとすると、うちのおじいちゃん、相当なホルモン奉行だったのかもしれない。とすると、私は二代目ホルモン奉行か。

　この干し肉をどこかでつくってないかと調べたら、ありました。兵庫県姫路市のホルモニスト、平山富幸さんは個人的に牛のロース（！）を干し肉にして食べていた。兵庫県新宮町では牛のハラミを干し肉にして売っていた。干し肉にすると、かなり味が変わる。どれも加工するともったいないなあ、というのが私の実感。

　岡山県津山市でもつくっていると聞き、さっそく訪ねた。牛肉の卸業を営む小島学さんは、「干し肉は津山の人はほとんどの人が食べてるんやないですか」と〃干し肉人口〟の多さを強調する。津山でもその昔は〝サイボシ〟と呼んでいたが、今は〝干し肉〟という呼称が一般的になったとか。小島さんが住む横山には、かつてすぐ近くに屠場があった。ここでは牛の屠畜がほとんどだった。よって昔も今も干し肉は牛である。今でも四軒がサイボシをつくっているという。家の敷地内にある作業場で小島さんにつくり方を聞いた。

「使う部位は太ももの内側の内平《うちひら》です。こいつを一センチ幅ぐらいに包丁で切って塩を擦り込みます。普通の塩じゃだめなんです。粗塩《あらじお》のほうが肉の持ちも、味もいいです。で、前の日に天気予報を見て雨が降らないのを確認して、朝の九時ごろから風通しのいいところで干します。真夏のカンカン照りの天気だと、その日の夕方四時ごろに仕上がります。春、秋は、そうですねえ、だいたい二、三日、冬だったら最低五日はかかります」

季節や天候によって乾燥させる時間が違うので、経験がないとできない仕事だ。どこで干してるんですか？　と聞くと、家の屋上に案内された。陽当たり、風通し良好の場所に、ビニール製の網で囲まれた、一メートル四方の鉄柵があった。上から肉が吊せるようになっている。その昔は、熊本県・八代市内の部落と同じように屋根瓦の上で肉を干していたこともあったという。それにしても、瓦の上に肉がずらりと並ん

天日干しされる牛肉

でいる風景というのもすごい。

「干している間は肉の両面に陽が当たるように何度も向きを変えないといけないんですよ。陽が傾いたり、急に天気が悪くなったりするから、干してるときは太陽と肉とにらめっこです。肉をいつ取り込むかも気を使うんです。一時間遅れたら硬くなりますから」

　以前はカチカチになるまで干していたから、かなづちで叩いて細かく砕いてから食べた。食べ物が豊富になり、保存食が必要でなくなるにつれ、硬くて塩辛いサイボシは敬遠されるようになった。さて、この干し肉、どのようにして食べるのだろうか。

「ごま油で炒めて食べるといちばんおいしいですよ。人気があるから最近ではスナックのおつまみにも出してるんですよ。うちは子どもの弁当にも入れます。サイボシが入ってると友達がきて奪い合いになるらしいですよ」

　ほっほう、サイボシが弁当に入ってると人気者になれるわけですか。なかなか魅力的な街じゃないですか。

取材当日は曇りのため作業は中止になったので、後日、郵送してもらった。クール便で送られてきたサイボシは、見た目は赤黒く、触っても干し肉というより生肉に近い。ごま油で炒める前に我慢ができず、そのまま口へ。牛肉って調理・加工する前はこんな味がしまんねんな。いやー、実に素朴な味ですわ。臭みはないし、食感も半生でむちっとした感じ。これはいける。

次はごま油で炒めてみた。ははー、これはいってみれば焼肉ですな。もちろん、うまくないはずがない。子ども同士で奪い合いになるのもうなずけますわ。ホルモン奉行、キッチンで思わずひとりごちていた。

数日後、知り合いの集まりに津山の干し肉を持っていった。都会風の二十代の女性は「そのまま食べてもおいしい！」といたく感動していた。干し肉の輪は、いずれ世界中に広がるに違いない。

幻となった昔の味

サイボシの取材を通して見えてきたのは、食肉文化の多様性と食文化の移り変わりである。馬肉は地域によってかつては主流だったこと、食生活の変化により干し肉が燻製へと移り変わっていったこと……。ホルモン奉行も目からうろこが落ちました。

「地元でつぶしてた馬は甘みがあっておいしかったなあ」

何人もが昔の味をなつかしがった。輸入馬肉が主流となった今では、甘みのある肉も、昔を知る人の記憶の中にしかない。

肉質の変化で「おいしいサイボシをお客さんに提供できなくなった」と廃業を決意した向野の元職人山下さんは、今は夜警の仕事をしている。なんとももったいない話である。

私たちの味覚は、明らかに変わってきている。もっとはっきりいうと味覚の基準が落ちている。そのことに気付きもしないし、気付く機会さえ失われている。

「輸入肉でもこんなにおいしいんやから、国産だったらもっとうまいねんやろなあ」

サイボシを食べるときだけは、ホルモン奉行、タイムカプセルがあればなあと願うのだった。

6
世界の巻

世界中で食べている

九〇年代の初め、南アフリカ共和国で最大の黒人居住区・ソウェトに行ったことがある。昼間、あてもなく歩いていたら、ある家の庭でホームパーティーが開かれているのが見えた。あまりにも楽しそうだったので勝手に参加したら珍しがられ、やれ飲め、それ食え、といろんな酒と料理をごちそうになった。一息ついたら一人のおばちゃんが地元の料理を鍋《なべ》ごともってきてくれた。中をのぞくと牛の第二胃、ハチノスの煮込みだった。塩で味付けしただけのシンプルな料理だったが、「アフリカでもホルモン食うねんな」と共感した覚えがある。

韓国には何度も行ったが、田舎の市場で焼酎をひっかけながら、大きな鍋でぐつぐつ煮た内臓各種に粗塩をつけてかじるのもたまらない楽しみのひとつだ。

世界各地の紀行文や食をテーマにした本を読めば、ホルモンがどこでも食べられていることを発見できる。例えば『アフリカを食べる』(松本仁一、朝日文庫)によると、ケニアのマサイの人びとは財産である牛は食べないがヤギは食するという。解体後、内臓と皮は長老に献上する。つまり肉の中で最高の部位は内臓なのだ。残りの肉は焼いて岩塩で味付けして食べる。骨は歯でバリバリとかみ砕き髄を吸い出して味わう。

ちょっと古いが、まさに「骨まで愛して」なのだ。

『中国食探検』（周達生、平凡社）によると、モンゴルの遊牧民は肉といえば羊を食べるが、彼らにとって最高のごちそうはやはり内臓と血である。

カナダのイヌイット（エスキモー）はアザラシの内臓も残すところなく食べる。

私の義弟に、映像カメラマンで国内外を飛び回っている、東京在住の辻智彦君がいる。テレビ番組の撮影で、そのイヌイットの村に行ったことがあると聞き、わが家に泊まりに来たとき詳しい話を聞いた。

「行ったのはカナダの北極圏にある一番北のグリスフィヨルドという村です。そこからスノーモービルに乗って猟に出かけるのに同行したんですよ。猟師がライフルでアザラシを撃って、その場で解体するんです。腹をナイフで裂くと気温が低いから、ばあっと湯気が立ち上る。内臓に手を突っ込むと温かいんです。イヌイットが、レバーを切り取ってくれて食べました。ちょっと臭みはあるけど、おいしかったですよ。こってりとした濃厚な味でした。牛のレバーより濃い感じです。食べるとすぐに指先が温かくなって体もぽかぽかしてくる。効果が覿面《てきめん》なんでびっくりしました。

イヌイットの人たちは凍ったレバーを携帯していて、ナイフで一口大に切って食べるんです。体を温めるためなんでしょうね。彼らは目玉も食べるんですが、スタッフの日本人カメラマンは何回か撮影に来ていて目玉をしゃぶってました。さすがに僕は気持ちが悪いからできなかったですけど。

解体は手際《てぎわ》よくて、十分か十五分くらいで済みましたね。肉、皮、骨に分けて麻袋に入れて持って帰りました。村に帰ってから内臓と肉を一緒に煮込んでアザラシ鍋を食べましたが、これはちょっと臭かったですね。やっぱり解体して切り取ったばかりのレバーが一番おいしかったです。あれはもう一回食べたいです。超感動でした！」

零下の中で食べる生レバーは格別でしょうな。うーん、私もイヌイットと友達になりたい。

で、それ以外にどんな珍しい内臓食べた？

「大阪に行ったとき、角岡さんに食べさせてもらったホルモン鍋ですね」

そう言われて思い出した。以前、彼が友人と来たときに、大阪市内の肉屋を回りホルモン各種を買い込んで鍋をしたことがあった。そのころから私はホルモン奉行やってたんだ。変な人……。

奉行、伊太利亜へ

カナダからヨーロッパに渡れば、フランスのフォアグラ（ガチョウ、カモの肝臓）

や各地で生産されている腸詰め・ソーセージに代表されるように、内臓料理はこよなく愛されている。

旅行ガイド『地球の歩き方 イタリア』(ダイヤモンド社)には代表的なイタリアの肉料理として「ちょっぴり唐辛子の効いた仔牛《こうし》胃袋のトマト味煮込み」「仔牛レバーとたっぷりの玉ねぎ入りソテー」「仔牛の腎臓のコニャック風味」「胸腺《きょうせん》、脳みそ、アーティーチョーク等のフリットの盛り合わせ」などが紹介されている。メニューを見ただけでよだれが出てきそうだ。

あまりにも美味しそうなので我慢ができず、イタリアに行って来た。芸術の都、フィレンツェの市場は、さながら内臓博物館のようだった。牛、豚、羊の各部位がガラスケースに陳列されている。豚の尻尾《しっぽ》や脳、睾丸《こうがん》まであるではないか。牛だけでも成牛と仔牛の二種類ある。牛、豚、羊を合わせると相当な部位の数である。それが何十店も並んでいるのだから、壮観だ。もう、目がくらみそう。内臓よく食べられてるなあ。フィレンツェは芸術の都でもあるけれど、ホルモンの都でもあるなあ、と感心しながら市場を何周もする。

ホルモン奉行は、興奮しながら写真を撮りまくった。取材をしたいがイタリア語ができない。こうなったら恥も外聞もない。「これは牛ですか、それとも豚ですか?」

各種内臓が並ぶフィレンツェの市場

と問うのに、牛、豚、羊の鳴き声で聞くことになる。

「マエストロ！（巨匠）」と敬意をこめて挨拶し、

「これ、モウー？」

「これはンゴッ、ンゴッ？」

「これはンメェーですよね？」

てな具合に聞くのである。ちょっと恥ずかしかったけどね。

マエストロたちは、うなずいたり、首を振ったり、イタリア語をまくしたててきちんと答えてくれた。何言ってるんだか、わからなかったけど。

市場内には食堂があって、一押しのメニューが壁に貼《は》ってあった。

「フィレンツェ名物　茹《ゆ》で牛肉（ランプレット・胃袋の一部の肉）のパニーノ（イタリア式サンドイッチ、口絵で紹介）」

ほう、ホルモンが売り物になっている。なになに、解説文もあるぞ。

「一八七二年の開業以来、一二〇年にわたり、フィレンツェ独特の調理法でフィオレンティーノの胃袋を魅了してきた名物パニーノ!!」

なんだホルモン奉行、イタリア語できるんだ、と早合点してはいけません。これ、日本語で書いてありましてん。ということは、日本人観光客にも人気あるんでしょうね。

トマト、セロリ、にんじん、たまねぎなどと煮込まれたふわふわの胃袋を私の胃袋に収める。意外にさっぱりしてて、ええ感じ、ええ感じ。これは相当煮込んでまっせ。おおきに、おおきに。

タキシードを着たウエイターがいる格式あるレストランにも行った。ハチノス（牛の第二胃）のトマト煮込みは、オーブンでじっくり熱せられていて、トマト味がしみこんでましたなあ。ガイドブックにもある「胸腺、脳みそ、アーティーチョーク等のフリットの盛り合わせ」も食べてみたけど、ワインの飲みすぎで、どんな味か忘れた。あかんがな。

イタリア南部、シチリア地方にも行った。南部に行くほど経済格差が開き、安価な内臓類がより多く食べられているからである。市場周辺の屋台には、牛の胃袋のハンバーガーもあったし、羊の腸の串《くし》焼きも売っていた（トルコには、これをサンドイッチにした「ココレッチ」がある）。肉汁が手に垂れてくるのを気にせず、頬張る。はるばるやってきた甲斐《かい》があった。ライターで食えなくなったら、ホルモンバーガーを日本で売り出そうと決意する。

一応、観光地も行ったけれど、帰ってきて写真を見たら、ホルモンの写真しかなかった。変な旅……。

奉行in紐育《ニューヨーク》

イタリアでホルモン三昧したら、次に様々な人種・民族が混住しているアメリカに行きたくなった。アメリカといえば大都市・ニューヨーク。あそこに行けばいろんな国や地域の料理が食べられるに違いない。幸い友達もいることだし、ちょっくら行ってくるかー。

というわけでソウルとアンカレッジで飛行機を二度乗り継ぎ、二十時間以上をかけて、〽はるばるきたぜニューヨーク、ケツが痛いのを我慢して――。格安チケットを使うと、行くだけで疲れましたわ、いやほんまに。

マンハッタン島、ブルックリン、クイーンズ……。初めての土地を闇雲《やみくも》に歩いたら、左足にマメができた。「ホルモンマメ」と命名。時差ボケとホルモンマメと慣れぬ英語に苦しみながら、ニューヨークを歩き、食べまくった。

ホルモン奉行の英会話能力は、なんとか用が足せる程度。頼りになるのはニューヨーク、バリ島、日本で宝石デザイナーとして活躍する川添微《ほのか》さん（以下ホノカ）。彼女がニューヨーク取材に同行してくれた。といってもホノカのほうが英語が数十倍できるので、私が同行しているようなものだった。

魂の料理、ソウルフード

最初に行ったのがアフリカ系、ソウルフードのレストラン。四章、油かすの巻でも触れたが、ソウルフードとは、アフリカ系アメリカ人（黒人）がつくる料理の総称である。黒人がつくる内臓料理は、日本のホルモン料理の歴史と重なること大だった。奴隷としてアフリカから連れてこられた黒人たちは、白人が食べない部位を使ってソウルフードを完成させた。凶弾に倒れた黒人のイスラム教指導者、マルコムXは、同胞に向け、

「You gutseaters!」（あなたがた、腸《はらわた》食いたちよ！）

と呼びかけたという。内臓が黒人の食べ物であ

ソースがたっぷりとかかったソウルフード。手前が牛テールの煮込み

ったことを端的に物語るエピソードである。

マルコムXの自伝を読むと、姉のエラの家に間借りする場面が出てくる。

「エラは私のために、気持ちのよい、小さな二階の部屋を用意してくれていた。壺《つぼ》とか鍋類を持って台所に入っていくときの彼女ときたら、いかにもジョージアの黒人女といった趣だった。彼女は皿に、豚の足（ハム・ホック）、カブの葉、ささげ豆、魚のフライ、キャベツ、さつまいも、肉汁をかけた粗挽《あらびき》トウモロコシパン、といったものをいっぱい積みあげる、そういった料理人だった」

（マルコムX『マルコムX自伝』マルコムX、アレックス・ヘイリィ、浜本武雄訳、河出書房新社）

ちゃんと豚の足が入っている。といっても魚も野菜もある。ホルモンだけではない。ホルモンばかり食べているのは、世界的に見ても、われらが平山さんとヤーさんくらいだろう。

ソウルフードの内臓版は、主に豚を用い、豚足、耳、内臓、テールなどあらゆる部位を使う。その代表ともいうべきものが「チトリンズ（chitlins）」で、辞書で調べると「（豚・仔牛などの）食用小腸」と出てくる。小腸をスパイスとともに長時間煮込んで仕上げる。マルコムXも食べたハム・ホックス（ham hocks）は、豚の膝《ひざ》を使った料理で、野菜を煮るときのダシにも使う。豚の皮を小麦粉に混ぜたパン、クラックリング・ビスケットもある。ホルモン奉行の期待は、一直線に上がっていく打ち上げロケットのように高まるばかりである。

黒人が多く住むハーレムの目抜き通りにある有名レストランを訪れた。客のほとんどが黒人である。メニューを見るとホルモン系は、牛テールと鶏レバーの料理しかなかった。あれれ？　あとはチキンや魚料理で、食材は他のレストランと変わらない。「ホルモン料理といえばソウルフード」と聞いていたので、打ち上げたロケットが急降下する。注文した牛テールと鶏レバーは、どちらも煮込み料理で、たっぷりと辛めのソースがかかっている。私には油っこい上にかなり塩辛かった。水を何杯もおかわりする。

「むつごいなあ」

香川県出身のホノカがつぶやいた。

「むつごい」とは讃岐《さぬき》弁で味が濃い、しつこいを意味する。昼に食べたのだが、あまりにもむつごすぎて二人とも夜は食べずに済ますほどだった。ホノカは胃もたれがするといって、翌日の昼食も食べなかった。

「英語学校の黒人の先生に連れて行ってもらって食べたんはおいしかったんやけどなあ。あれどこで食べたんやったけなあ……」

ホノカが申し訳なさそうに弁解する。

「しゃあないがな。人生そういうこともあるで」

自分に言い聞かせるように、私が返す。せっかく案内してくれているのでがっかりした顔を見せるわけにはいかない。でも、心では泣いていた。

ニューヨーク市立図書館でも調べてみたが、ソウルフードにはあまりホルモン類は使われていない。念のためホノカに、電話帳で調べてもらい、ソウルフードのレストラン十軒ほどに問い合わせてもらった。

「そちらでは内臓を使った料理、ありますか?」

けったいな問い合わせだ。どの店も答えは「ノー」。私の心は涙でぐしょぐしょだ。期待を乗せたロケットは、ついに墜落した。二十時間以上かけて、ニューヨークに来たのに……。

ソウルフードよ、いずこへ

私たちが調べたかぎり、アフリカ系の店ではあまりホルモン類は食べていないようだった。黒人が多く住む南部に行かなければ食べられないのだろうか。そこで帰国後、アメリカ南部・テキサス州に留学経験がある友人の三輪千都さんに聞いてみた。

「あたしの知り合いの黒人男性は、インテリ階級の家で育ったから内臓とかあんまり食べなかったみたい。ひとむかし前やったら、ソウルフードは黒人の多くが食べてたんやろけど、今はそうでもなくなってきてるんじゃないかな。以前のように同じ人種同士で集まって住むことも段々なくなってきてるし。でも、黒人のつくった料理はスパイシーでどれもおいしいよ。まずいと思ったことないわ。一回、彼にメールで聞いてみるわ」

後日、彼女からメールが届いた。

「彼がソウルフードとして思いつくのは、チキン・ギザード（Chicken Gizzard）らしい。要するにレバーを使った料理で、それを詰め物に利用したり、チキン料理のスープやソースを作るときにも使うらしい。でも、Gizzardという単語は砂肝と訳すときに使うから、必ずしもレバーではないかもね。まあアメリカの黒人みんながそういう料理を食べているわけではないみたい。彼が思いつくソウルフードは豆を使った料理で、都会で育っている黒人はソウルフードといっても知らない人もけっこういるみたい」

ということでした。日本でホルモン料理といっても、部落の人たちや在日韓国・朝鮮人みんながひんぱんに食べていないのと同じだ。

同じくテキサス州の大学に留学経験がある加茂英司さんは次のように話す。

「ソウルフードは聞いたことあるけど、食べたことないなあ。そんな有名なものでもないって感じやで。大学では金持ちの黒人が来てたから、ソウルフードにこだわりがあるような学生が少なかったかもしれんなあ。でも、歌手の矢井田瞳《ひとみ》が関西にこだわるように、黒人の中でも家庭料理で食べてる人もいてると思う。レストランで出てくるのと家庭料理は別やからね。テキサス州はメキシコに近いからメキシコ料理のひとつでアメリカ料理と融合させた『テクス・メクス』というのがあって、その中に内臓を使った料理があったと思う」

どうやら南部のレストランでも、ソウルフードはポピュラーな食べ物ではないようだ。

『アメリカ食文化』(ダナ・R・ガバッチア、伊藤茂訳、青土社)によれば、多民族で成り立つアメリカ社会は、エスニック・フードが注目される一方で、必ずしもそれにこだわらない食生活に変わってきているという。以下は、同書からの引用である。

「たしかに、料理書にもときどき、アメリカ人はそれぞれ異なる民族的伝統を持っているとされ、『アフリカン・アメリカン』『ジャーマン・アメリカン』料理などと章立てされている場合もある。しかし現実には、アフリカ系アメリカ人にしても、ドイツ系アメリカ人にしても、自分たちの祖先の料理と、他のエスニック・ルーツを持った料理をミックスさせながら食べている。要するに、アメリカ料理をマルチ・エスニックなものにしているのは、多種多様な独自性を持った伝統料理というよりは、マルチ・エスニックな融合料理《ごたまぜ》を食べて、それを自分たちのものにしてしまおうとするアメリカ人の欲求なのである」

「こうした食のメルティング・ポットが生み出したものは、マルチ・エスニックな多様性ではあっても、オール・アメリカンな画一性ではない。それは、ニューヨークではパスタを好み、ハワイではライスを好むポルトガル系アメリカ人を生み出したり、火曜日に中華料理を食べ、水曜日にはラサグナ、そして木曜日にはポット・リカーと一緒にコラード・グリーンを食べるアフリカ系アメリカ人を生み出したりしている。それは、それぞれが独自の食生活を営む、孤立したエスニック集団の食バージョンというより、互いに融合しあったクレオールを生み出している」

これは世代にもよるが、多くの日本人が、毎日、日本食を食べていないのと同じ現象である。多民族社会であればあるほど、それぞれの食文化を味わう機会が増えることになり、同時に民族料理を融合させた料理を生み出すことにもなる。「食のメルテイング・ポット」が進む中で、純粋な民族料理が影を薄めつつあるのが現状のようだ。

その一方で、著者は、「ケンタッキー・フライドチキンはソウル・フードに由来することを知っている人など、ほとんどいない」とも書いている。それとは知らずに、実は世界中で食べられているわけである。

メルティング・ポット(人種のるつぼ)の最先端であるニューヨークで、純粋なソウルフードを求めるのは、多少、いやかなり無理があったのかもしれない。

メキシコ料理のハチノススープ

ニューヨーク滞在中は、ホノカの友人のシステムエンジニア、デイビッド・モスさん宅に居候《いそうろう》させてもらった。ちなみにデイビッドはニューヨーク生まれのユダヤ人。高校を卒業後、イスラエルのキブツ(農業共同体)に二年間いた、という経歴からバリバリのユダヤ教徒と思いきや、さにあらず。ユダヤ教では旧約聖書に豚は不浄なもの、と書かれてあるので、豚肉を食べるのはタブーだが、デイビッドは平気で食べる。ユダヤ人といっても、敬虔なユダヤ教徒もいれば、デイビッドのようにゆるい人(?)もいる。人は見かけや経歴、属性では簡単に判断できないのだ。

ある夜、彼の同僚のサム君が来て、私がホルモンの取材で来ていると聞くと興味を示し、お互いこれまでどんな動物の肉を食べてきたかを言い合った。そんなんで競争してどないすんねん。動物の種類では犬を食べた私に軍配が上がったが、彼は私をゲテモノ好きと勘違いしているようだった。ゲテモノ好きじゃなくて、ホルモン奉行やっちゅうねん。それにしても彼も相当、ホルモン系が好きらしい。私は彼をイタリア系アメリカ人だと確信していた。イタリアではホルモン料理が豊富であることはこの目で確かめている。ところが姓を聞いたら、ハインリッヒときた。思いっきりドイツ系である。ま、ドイツ人もソーセージを中心に内臓関係をよく食べるらしいが……。

「今度の週末に自宅でパーティーを開くんだけど、牛の内臓のスープをつくるんだ。手伝いに来ない？」

アメリカのホルモン奉行、サムに誘われる。もちろん断る理由はない。

つくるのはメキシコ料理のメヌード。牛の第二胃、ハチノスを使ったスープだ。サムの彼女がメキシコ人で、たまにつくるらしい。メキシコでは週末にこういった内臓入りスープを家族でレストランに行って食べるそうだ。

マンハッタン島の東、ブルックリンの彼の自宅に、デイビッドとホノカと連れ立って訪れると、すでに準備を整えて待っていた。肉屋で買ってきたハチノスが解凍されている。

「これを水道の水を流しながら指でていねいに洗うんだ。このままだと少しにおいがするからね」

そう言いながらサムが両方の親指でシコシコ洗っている。私たちも手伝う。ぷにゅぷにゅした感触が指に伝わってくる。においが取れたか、時々鼻に近づけて嗅《か》いでみる。けっこう手間がかかる。どちらが完璧ににおいを消すか、日米対抗ハチノスクリーン決戦だ。それにしても、ニューヨークまで来て、ハチノスを洗うとは思わなかったなあ。

ホノカがハチノスを洗いながら、ホルモン人生を語る。小学生のときから地元の乗馬クラブに通っていた。走れなくなった馬を大人たちが解体した。大人と一緒に彼女も、小学生のときから睾丸《こうがん》やペニスを刺し身で食べていたそうな。大学では馬術部に所属した（彼女は高校時代、馬術の国体選手だった）。獣医系の大学で解剖の実習もあったので、やはり走れなくなった馬を自らナイフやメスで捌《さば》いていたという。

「睾丸は二時間ほど水にさらして、生姜《しょうが》じょうゆで食べた。水は水道水よりも井戸水にさらしたほうがおいしい。ペニスは焼いて食べたけど軟骨みたいで味はない。睾丸のほうが段違いにうまかったよ」

馬を捌き、ペニスと睾丸の味の違いを語る宝石デザイナー……。変な人！　ホルモン奉行、馬の内臓は食べたことがあるが、睾丸もペニスもない。ちょっと悔しかった。洗ったあとのハチノスは長時間煮込んで柔らかくする。さらにチリ、タマネギ、ニンニク、豆などをミキサーで刻み、これも長時間煮込んだあと、ハチノスをぶちこむ。さてどんな味になるのか。翌日のパーティーが楽しみだ。

＊

テーブルには豆の煮込みなどと一緒に、ハチノスのスープが並んでいる。サムの自宅でおこなわれたホームパーティーでさっそく試食してみた。朱色でチリの辛さが効いたハチノスは、ふわっと柔らかくなるまで煮込まれていて、なるほど臭みはない。ホルモン好きの日米混合チームが、ていねいに指でこねこねしたからだ。ハチノス自体は味はないので、ピリ辛の味付けもばっちり合う。

メキシコ料理のひとつ、ハチノスを使ったスープ「メヌード」

パーティー参加者は総勢約十人。中庭みたいなところでビールを飲みながら歓談するのだが、ホルモン奉行だけ、話されている英語の半分もわからない。みんなが一斉に笑っている。よくわからないけど一緒に笑う。そんな自分に疲れて、ハチノススープをひとりで何杯も食べ続ける。ロンリーハチノスマン・イン・ニューヨーク。

「みんなあんまりハチノスのスープ食べてへんなあ」

ホノカが鍋の蓋を開けてつぶやいた。

「なんでホルモンはアメリカでも日本でも、あんまり食べへんねやろ」

単純だが、答えるのに難しい質問を、私に投げかけてくる。

「うーん、それはやなあ……」

しばらく考えて私は答える。

「においがあるのでそれを消すのに手間暇かかるやろ。それに見た目はグロテスクなものもあるから敬遠されるのとちゃうか」

奉行が憧れのニューヨークでホルモン学を語っていた。

牛の脳のタコス

パーティーに参加していたコロンビア系の女性から、メキシコ料理で牛の脳を使ったタコス（肉や野菜などをトウモロコシのクレープで包んだ食べ物）があるとの情報を得る。後日、ホノカと一緒にブレインタコスを求める旅に出た。

マンハッタン島から地下鉄で約二十分のクイーンズに、中南米系移民の集住地区がある。地下鉄高架下の道路沿いに、スペイン語の看板を出した店が軒を並べている。韓国人やインド人が経営する飲食店、カラオケ店もある。人種、民族が複合しているところが、いかにも移民の街、ニューヨークらしい。

メキシコ料理はいうに及ばず中南米系のレストランに立ち寄っては、「ブレインタコス、ありませんか」と尋ねまわる。ファストフードを中心に聞いてみたが、どこも置いていない。売り切れの店が一軒あって、メニューを見せてもらったらブレインタコスは「SESOS」（セソス）と呼ぶことがわかった。セソスを求めて屋台のおっさんに聞いたら「すぐそこのメキシコ料理店にあるよ」と言う。「あまりおいしくないよ」と余計なことまで付け加える。

近くのメキシコ料理店に入ってメニューを確かめると、あった、あった。腸のスープも、サムの家で食べたハチノスのスープもある。全部頼む。歩き疲れたのでビールも。

脳のタコス（口絵で紹介）はペースト状になったのを想像していたのだが、あにはからんや、ボイルされ、ほぼ原形に近いのが出てきた。見るからに脳で、血管も見てとれる。口に入れると、柔らかくて少しぱさぱさしていて、ほんの少しレバーっぽい味がする。これをタマネギのみじん切りと香菜とあわせて食べる。脳は日本ではBSEの問題が起こって以降、食べられなくなったが、個人的にはやはり刺し身のほうが美味しいと思った。刺し身とボイルした後では全然味が変わってしまうのである（二〇〇五年に米国でもBSE感染牛が初確認されている）。

目抜き通りを一本はずれて住宅街を歩くと、コロンビア系のレストランがあったので、のぞいてみる。店頭のショーケースには、牛の小腸と仔牛《こうし》の胸腺《きょうせん》があった。次に立ち寄ったアルゼンチン料理のレストランにも、やはり牛の小腸と仔牛の胸腺がある。これは食べねばなるまい。

小腸のフライを頼むと、大きな皿に山盛りで出てきた。脳のタコスやハチノススープを腹いっぱい食べたばかりなので、見るだけでつらい。でも食べなければ仕事にならない。ハウスワインで流し込む。かすかに油かすのにおいがする。小腸自体は特に味はしないが、野菜を酢漬けした薬味（チミチュレ）をつけて食べる。油で揚げただけなので料理に繊細さはない。そしてかなり油っこい。二人で格闘してみたが、半分ぐらいしか食べられなかった。

「あたし、もう肉いやや」

脳タコスに腸の揚げものと肉食が続いたので、ホノカが弱音を吐く。

「食べ物の取材は、食べて食べて食べ尽くさなあかんのや」

ホルモン奉行はエラそうに、仕事の厳しさ（?）を諄々《じゅんじゅん》と説いたのであった。

ホルモンはやっぱりチャイナタウン

イタリア人街、ギリシャ人街、ポーランド人街、中南米人街、韓国人街……いろんな場所に足を運んだが、ニューヨークでもっともホルモン度数が高いのはどこかと聞かれれば（誰も聞いてないか）、私はためらうことなくチャイナタウンを挙げる。

マンハッタン島のダウンタウン。漢字の看板や、店先で昼食を取る店員、八百屋、魚屋に並べられている商品の種類の豊富さなどを見ると、ここがニューヨークであることをすっかり忘れてしまう。高層ビルが立ち並び、人と車でごったがえす大都会に息苦しさを感じたら、チャイナタウンに行くといい。なぜかほっとするのは私がアジア人だからだろうか。

「衛生第一」の看板が見える食品市場に入れば、中国料理の奥の深さが実感できる。ホルモンウォッチャーの視点で見れば、それはもう、ウハウハの楽園だ。ショーケースに額をくっつけながら内臓類を観察する。豚、牛の内臓各種がずらりと並んでいる。レンガ色で艶《つや》がある豚の腎臓やレバー、真っ白なハチノスが宝石のようにまばゆく見

チャイナタウンの食品市場。数々の内臓類が並んでいる

える。うーん、ウットリ。

鳥類の内臓その他の部位も驚くほど種類が多い。ガチョウの内臓、アヒルの舌がパックにギッシリ詰まって売られている。どんなふうに料理するんやろ？　どんな味がするんやろ？　ホルモン奉行の興味は尽きない。世界中の移民が集まったニューヨークを見るかぎり、内臓関係の種類と消費は、チャイナタウンが世界ランキング一位である。

NYのミスホルモン・ホノカと飲茶《ヤムチャ》を食べにいく。メニューに目をこらす。

「あ、これ食べなあかんのちゃうん」

ホノカが目ざとく見つける。「黒椒金銭肚 Beef Tripe with Black Pepper Sauce」。Tripeとは、胃のことである。蒸籠《せいろ》の中に納まったTripeはハチノス君だった。そういえば、サムがつくってくれたメキシコ料理もハチノスを使っていた。ハチノスはホルモンの中でも使用頻度が高い食材に違いない。クセがないから、調理しやすいのだろう。ホルモン界の人気者だ。

調理され、黄金に輝くはっちゃんは、柔らかいけれど歯ごたえがある（口絵で紹介）。甘辛い味付けで他の飲茶に負けてない。そうだ、その調子でこれからもがんばれ、はっちゃん。私は心の中でハチノスにエールを送る。

「チャイナタウンでおいしいもん食べたら、中国人にありがとうって言いたくなるよね」

ホノカが幸せそうな顔で言う。単純な人なのかもしれない。

翌日もチャイナタウンに行った。もっとホルモンを堪能《たんのう》するために、である。

食堂の外から、大きなガラス窓を通して、鶏やアヒルの丸焼きを吊《つる》したのや、臓物各種の炒めものがトレイに並べられたのが見える。黒人男性がドル紙幣を握り締めながら店の外から料理を指さして注文している。私もガラスに額をくっつけながら何を食べるか物色する。やっぱりホルモンでしょう。店の中に入り、豚の腸、牛スジ肉、ハチノスの炒めものを注文する。ハチノスはよく見かけるし、何度も食べているのだが、なぜか見ると食べたくなってしまう。私の前世はハチノスだったのかもしれない。

注文したハチノスなどが、ごはんの上に盛られている。いずれも中国の香辛料が効いたイメージ通りの味付けだ。一口食べるごとに「うん、うん」とうなずく。これで三ドル少し。スパゲティひと皿が十ドル前後するニューヨークでは破格の安さだ。ひとりほくそ笑みながら、中国人のホルモン度数の高さと、自分がホルモン人であることを再確認する。

食品市場の肉売り場にホルモン料理を買いに行く。調理済みの内臓類がずらりと並んでいるので選ぶのに困る。何を食べるか悩んだ末、豚の腸とセンマイ（牛の第三胃）のマリネを買って帰る。ボイルされた豚の腸はむちっとして食感がいい。酢でマリネされるとほどよく臭みも取れ、あつあつのごはんと食べると合うかもしれない。ニューヨークのホルモン料理で何が一番おいしかったかと問われれば（誰も聞いてないか）、やっぱり、豚腸のマリネかな。食感と鮮度と味覚の総合芸術。これを初めてつくった人はエライ。

センマイのマリネはしゃきしゃきしてて歯ごたえ十分。日本の焼肉屋で、時々ふにゃふにゃの生センマイが出てくることがあるが、これは違う。五香粉の香りも、中国料理であることを主張していていい。

チャイナタウンははずれがない。さすが世界三大料理のひとつである。

レポート from オマーン&タンザニア

世界中を旅してホルモン事情を知りたい、食べてみたい。そうは思うものの、まず金銭的に無理。そこでこれから海外に出かける、あるいは海外に在住する知人に頼み込んで情報収集してもらった。まずはアラビア半島の東端にあるオマーンと、アフリカ大陸のタンザニアに旅した、富永夏子さんのレポートから。

オマーン内臓料理事情

アラビア語で内臓料理はマクリ（Makuli）というらしい。家庭料理のひとつで牛・羊・ヤギ・鶏が主に使われます（イスラム圏のため豚は㊫）。すべての部位を調理します。

例えば――

・各動物とも、すべての部位を洗って細かく刻んで、たまねぎ、ニンニクと一緒に塩味で炒める。
・日本のやきとりのように「ムカシキ」といってレバーや砂肝を串《くし》刺しにして炭火で焼く。鶏が安いので一番多く、屋台で売っている。
・調理した舌やレバーをサンドイッチにはさむ。
・ヤギの頭を丸ごと煮込んだカレー。
・胃袋をグリーンバナナと茹《ゆ》でる（ツゥンボツゥンボ）。

・ホルモン焼き。ただ茹でるだけのものもあるそうです。

●お祭り

断食《だんじき》明けのお祭り（イード）では、各家庭で牛やヤギを庭で殺して食するという人もいて、その時にすべての部位を使うそうです。結婚式も同様だそうです。

富裕な家庭に育った王室勤務の三五歳、新婚さんMr.サーレフは、お祭りや結婚式など特別な時にしか食べないと言ってましたが、ツアーガイド、バツイチ三六歳のMr.アハメッドは、特にお祭りの時だけでなく、通常の食べたいときに作って食べる料理だそうです。

食べてますなあ。ちなみに、ヤギの頭を丸ごと煮込む料理は中国にもある。写真で見たことがあるが、皮を剝《む》いた頭がそっくりスープにつかっていた。角までついている。ちょっとグロテスクで、見ただけでびっくりするけど、美味しいんだろうなあ。お祭りや結婚式などハレの日に動物をつぶすのも、世界各地でよく見られる習慣だ。上流階級と庶民では後者のほうがホルモンを食べる頻度が多いのも世界共通。

次はザンジバル編。タンザニアの東に浮かぶ島。中東からアフリカに移ると料理がどう変わるのか——。

タンザニア内臓料理事情

内臓はスワヒリ語で「Utumbo」（ウツゥンボ）と言います。内臓料理は、やはり家庭料理のひとつで、食べたいときに作るといいます。

・シチューのようなもの（ムチュジ）の中にヤギの脳を入れる。
・いろんな動物のレバーをニンニクで炒める。
・レバーや砂肝をムカシキで食べる。
・最もポピュラーなのが、オマーンにあるのと似ている、グリーンバナナとスパイスとココナッツで胃袋を煮る。

オマーンと同じく、ラマダン明けのお祭りや結婚式でも出される。オマーンでは聞かなかったがお葬式でも出される。他の肉の半値であるため、親族には内臓肉でふるまい、友人・知人には普通の肉でふるまうらしい。この習慣は田舎のとある部族（というか集落と思われるが）のものらしいが。

市場には、ほんとーにすべての部位が売られているので、かなりふつーに食べられていると思います。

アフリカでも脳やレバーは人気がありますね。胃袋の煮込みもある。胃袋は、ヨーロッパではトマトで煮込むことが多いが、オマーンもザンジバルもグリーンバナナが入っているところが共通している。というのも、かつてザンジバルはオマーンの支配下にあった。両者の料理が似通っているのは、支配・被支配による歴史があるからであろう。

それにしても、部族、集落によっては、葬式のとき、客によって出す肉が違ったり、内臓が半値というのは、ホルモンが一段低くみられているようで、ホルモン奉行の心はちょっと痛む。

彼女のレポートを読む限り、中東でもアフリカでも、ホルモンは大車輪の活躍をしている。

南米の味、フェジョアーダ

アフリカからぐんと離れて南米に飛ぶ。

私の友人で新聞社を休職し、ブラジルの日本人会で働いていた宮沢之祐君がいる（現在は復職）。さっそくメールで南米のホルモン事情について問い合わせた。帰国間《ま》際《ぎわ》で報告書の執筆（仕事）やカーニバル（遊び）で忙しいさなか、レシピまで付けて以下の返事を送ってくれた。

コテコテのホルモン煮込み（フェジョアーダ。黒豆と一緒に煮る）はブラジルの代表的な料理です。フェジョアーダは、かつて黒人奴隷が豚とか牛の内臓、しっぽ、足、耳などを利用して「発明」した料理で、その味に主人たちも魅了され、普及したという逸話があります。

しかし、日系人はあんまり好みません（私もコテコテはかまわんけど、塩っ辛いので、あまり好きやない）。

ブラジリア近郊の沖縄出身者が多いコロニア（入植地）では、フェジョアーダが名物になっていて、日本人会が資金稼ぎの「フェジョアーダ」（料理の名前だけでなく、それを食べるパーティーのこともフェジョアーダという）をしたりします。けど、ほんまもんのフェジョアーダとは似て非なるもの。というのは、沖縄料理式に肉をまず茹でて、油を抜くから。さっぱりしてます。ま、文化融合の象徴みたいなフェジョアーダです。

●材料

① 豚の足、耳、尾、背骨、舌（すべて塩漬けでスーパーでパックに入って売っ

ている）

②　牛肉の塩漬け肉

③　豚肉の塩漬け肉

④　リングイッサ（ソーセージ）

⑤　ベーコン

入れる割合は、①④が同量、②③がその半分、⑤はその四分の一。

●作り方

1　塩漬けの肉類を煮る。炊き上がって十分くらい煮詰めてから湯を捨て、塩と油を抜く。これを三回繰り返す。

2　水に黒豆（フェジョン・プレト）を入れて沸騰させる。

3　豚の足を入れる。三十分くらい煮る。

4　耳、尾、肉の順番で入れる。

5　煮立ったら、ニンニクと玉ねぎを細かく切ったものを入れる。味の素も少し入れる。

6　三〜四時間、弱火で煮る。

ブラジルでは牛肉に比べて豚肉はあまり食べないそうだが、それにしてもホルモンがどっさり入っている。それもそのはず、あまり食べられない部位を、かつての奴隷が手に入れて完成させた料理だからだ。

日本には多くの日系ブラジル人が働きに来ているが、ブラジルおよび沖縄料理店が数多くある神奈川県の鶴見、川崎のブラジル料理店でこのフェジョアーダが食べられるらしい。探してみると、東京・神保町にもブラジル料理店でフェジョアーダを出す店があった。さっそく東京に飛んだ。

出てきた料理は全体的に黒っぽい。黒豆の色が全体にしみているのだろうか。ソーセージ、テールに、どこの部位かわからない肉が豆と一緒に仲良く入っている。食べてみると、全然辛くない。うまいがな。いけるがな。

「ごはんの上にかけて食べるんですよ」

日系ブラジル人らしき女性が教えてくれる。

「あ、そうですか」

と答えつつ「飯《めし》はいらん、これだけ食べに来たんじゃあー」と、心の中で叫びながら、いろんな肉を味わう。一緒に行った女性が、関西出身のオッサンみたいな女性なので、ふだんは上品な奉行も、その日はオッサンモードになっていた。ソーセージは脂《あぶら》がいっぱい入って、日本では味わえない味。テール、その他の肉は、じっくり煮込まれていて宮沢君の「フェジョアーダは塩っ辛い」という先入観を覆《くつがえ》す味。これは日本人向けに味付けしているんでしょうね。ホルモン類が思ったより少ない。奉行としては、ちょっとがっかり。ほんまもんを出さんかーい、とやっぱりオッサンになってしまう。

「あのー、これはブラジルから持ってきた肉ですか？」

店員に尋ねる。

「いえ、これはオーストラリアから輸入した肉です。ブラジルから持ってきたら高くつきますからね」

うん、そりゃそうだ。

日本人向けの外国料理を食べると、本場のそれが食べたくなるから不思議だ。塩っ辛い、本場のフェジョアーダをどうしても食べたくなった。よし、今度はブラジルに行って、食べてこよう。やっぱりカーニバルの季節がいいかな。フェジョアーダを食べながら踊りまくる自分を想像しながら、店を後にした。

こうやって見ると、世界各地に内臓料理は存在する。ホルモン料理は〝特殊〟ではなく、世界的に〝普遍的〟な食べ物なのだ。

ホルモンの仏蘭西《フランス》料理

よく知られた料理の中で、自分にとってこれまであまり縁のなかった料理って何だろう。子どものころは焼豚が何よりの好物だった。大学時代は下宿で安上がりのスパゲティばかりを自炊して食べていた。はっきりいって大したことのない食生活を送ってきている。社会人になり外国にも行くようになって、いろんな料理を口にするようになったが、それでも縁がなかったといえば、フランス料理になるだろうか。ふるさとの兵庫県加古川市には子どものころ、フランス料理店などなかったし、仮にあったところで中流以下のわが家では行くこともなかっただろう。で、この際、自分ともっとも縁遠かったフランス料理ではホルモンがどのように調理されているかを探ってみることにした。といっても悲しいかな時間と資金がないから、フランスに行くわけにもいかない。そこで、油かすの創作料理でもお世話になった大阪あべの辻調理師専門学校（辻調）の門をたたくことにした。

取材当日、口ひげを生やした恰幅《かっぷく》のいい紳士が現れた。木下幸治先生。フランスで都合六年あまりを過ごした本場仕込みの腕の持ち主である。生まれも育ちも大阪市生野区で、在日韓国・朝鮮人が数多く住む猪飼野《いかいの》を遊び場にしてきたという。なんかべ夕べタの関西人ではないか。なんでまたフランス料理の道に、と問うと、母校・辻調で初めて、これまで味わったことがないフランス料理の美味に驚き、関心をもったのだという。なんだ、先生も私同様、フランス料理とは縁遠かったんだ。少し安心。

フランスでは、どの動物のどんな部位が食べられているのか説明を受ける。内臓類は「アバ」(abats)と呼び、白色と赤色の二種類に分けられている。どの動物のどこの部位を食べるかを挙げてみよう。

＊白いアバ

小腸(仔牛《こうし》)、胃と腸(牛、羊)、耳(仔牛、豚)、足(仔羊、仔牛、羊、牛、豚)、頭肉(仔牛、牛、羊、豚)

＊赤いアバ

脊髄《せきずい》(仔牛、羊)、睾丸《こうがん》(仔羊、羊、牛)、脳(仔羊、仔牛、豚)、心臓(仔羊、仔牛、牛、豚)、肝臓(仔羊、仔牛、牛、豚)、頬肉(仔羊、仔牛、羊、牛、豚)、舌(仔羊、仔牛、羊、牛)、鼻面肉(牛、豚)、テール(仔羊、仔牛、牛、豚)、胸腺《きょうせん》(仔羊、仔牛)、腎臓(仔羊、仔牛、羊、牛、豚)

これらを煮込んだり、焼いたり、揚げたり、蒸し煮にしたりするわけである。けっこう食べられてますなあ。こうやって見ると、日本と比べるとフランスのほうがいろんな動物が広く食べられているような気がする。違うところは仔牛、仔羊が多用されているところでしょうか。木下先生、これはどういうわけで？

「親と子では味も硬さも全然違います。例えば牛でいうと、仔牛は柔らかくてクリーミー。親牛は仔牛に比べてしっかりした味になってます。ですからフランスのレストランでは大人の牛より仔牛のほうがよく料理に使われます」

仔牛と牛、仔羊と羊。きちんと食べ比べたことがないからどう違うのか、悲しいかなホルモン奉行にはわからない。食肉について書かれた本によると、仔牛が柔らかいのは水分が多く含まれているからだとか。日本で何カ所かの屠場《とじょう》を見学したが、仔牛を屠畜しているのを見たことはない。日本のフランス料理店で食される仔牛、仔羊は輸入物がほとんどだ。

ところで先生、いろんな部位が食べられていますが、牛でいうと特にどこが人気あるんですか？

「西洋でポピュラーなものとしては、胃、なかでもグラ＝ドゥーブルというミノ、仔牛の頭全部、肝臓、頬肉、舌、テール、胸腺、腎臓ですね。日本ではいずれもタレに漬け込んで焼いて食べることが多いですが、西洋では焼いたり煮込んだりいろいろです。バリエーションは広いですね」

なるほど。ホルモンはけっこう食べられているんですね。

「ええ、スーパーで売ってますよ。ハチノス、ミノなんかは茹《ゆ》でて売っています。そうそう、スーパーには仔牛の脳も置いてますよ」

え、スーパーに脳ですか？

「ぼくはフランスで足の血管を抜く手術で入院したことがあるんですけど、最初の食事で出てきたのがブイヨンで茹でた仔牛の脳でしたよ。ぼくはそういう料理があることを知ってますからどうってことなかったですけど、それでも外科病棟で脳が出てきたから、え？　と思いましたけどね（笑）」

ＢＳＥの発生後は、脳は危険部位だから、さすがに今は食べられていないでしょうね。それにしてもスーパーで脳を売っていたのもびっくりですけど、病院食で出てくるとはすごいですねえ。

「病院内の飲み物コーナーにはワインも置いてあるんですよ。どの患者も飲めるわけではないんですが、相部屋になった隣りのおじさんは、食事のとき赤ワインを飲んでました。フランスはやっぱり違うなあと思いました」

へえー、フランスの入院生活も悪くないですね。ところでフランスでは内臓類はどのようにして食べるんですか？

「野菜類と一緒に炒《いた》めて、ダシ汁でコトコト煮込むことが多いですね。イタリアではそこにトマトを入れて煮込みます。フランスのノルマンディー地方では牛の胃袋の煮込みが郷土料理として有名なんですよ。胃袋をニンジン、タマネギなどと一緒に鍋に入れて、リンゴ酒を蒸留したカルバドスというブランデーを加えて、それをオーブンで加熱するんです」

うわっ、それ、美味しそうですね。内臓料理はレストランなんかでも出るんでしょうか?

「ランチタイムの後に休憩時間があって、夜にまた開店するようないわゆるレストランでは、内臓料理はあまり出さない。ビストロと呼ばれる比較的安い店では、日替わりメニューなんかで内臓料理が出てくる。ブラッスリと呼ばれる一日中開いている居酒屋のようなところでは、キャベツを塩漬けして発酵させたシュークルートとかソーセージ、豚の足、臓物の煮込みなんかも置いてます。レストランには子どもは連れていけないけど、ブラッスリだと子ども連れでも全然問題ないですね」

内臓料理は大衆的な料理ということになりますか。これはどの国・地域にも共通する点かもしれません。なんか話を聞いているだけで、たまらなくなってきました。あのー、すみませんが先生、いくつかつくってもらえませんでしょうか。

仏料理・実践編

ホルモン奉行のぶしつけな要求に、後日、先生自ら腕を振るってくれることになった。言ってみるものである。喜び勇んで馳《は》せ参じると、こんなもんでどうですか、と以下のメニューを手渡された。

◎仔牛脳のムニエール、サラダ仕立て、ケイパー風味
Cervelle de veau meunière aux câpres
◎牛テールの赤ワイン煮込み
Queue de bœuf braisée au vin rouge
◎仔牛の胸腺の蒸し煮、プラム風味
Ris de veau braisé aux pruneaux
◎仔牛の腎臓とキノコのココット焼き、マスタードソース
Rognon de veau en cocotte aux champignons
◎牛胃の煮込み、パルメザン・チーズ風味
Ragoût de tripes au parmesan

うーん、なんというホルモン三昧《ざんまい》。私も編集者もメニューを見ただけで、えへへへと笑いが止まらない。実は、フランス料理の本をパラパラ見ていて、胸腺というやつがどうも気になってしかたがなかった。仔牛の首の付け根にある柔らかい筋肉状の内《ない》分泌腺《ぶんぴつせん》で、写真で見るとつややかで柔らかそう。「食べてよ」とささやきかけてくるようなのだ。成長するにつれてなくなるので仔牛にしかない部位だ。フランス語でリー・ド・ボーというらしい。これまたいかにもうまそうな名称ではないか。腎臓などと並んで一流レストランの定番メニューのひとつらしい。つくっていただくメニューにはきっちり入っている。えへへへへ。やっぱり笑いが止まらない。

「フランス料理は家でつくろうと思わないでください。プロの味は家庭ではつくれないですから。ぜひともレストランで食べてください」

調理器具が揃《そろ》った教室で木下先生がそうおっしゃった。レシピを見たら、どの料理にも二十種類前後の材料、調味料が書かれている。これは揃えるだけでも大変だ。仔牛のダシ汁（フォン・ド・ボー）にしたって、これをつくるだけでも半日仕事なのだ。そこでここではあくまでも料理の概要を知っていただくために、ごく簡単につくり方の手順だけを書いておこう（レシピ参照・料理は口絵で紹介）。

間近で調理の一部始終を見せてもらうと、フランス料理って本当に手が込んでいるなと思う。こりゃあ、食材、調理器具、技術、時間、すべてにおいて「はい、それじゃあ家庭で」というわけにはいきませんわ。

Let's cook 4

仔牛脳のムニエール、サラダ仕立て、ケイパー風味

脳は水につけて血抜きし、薄膜を取る。タマネギ、セロリ、ニンニク、白ワインなど9種類を煮込んだクールブイヨンで脳をしばらく茹でる。ブイヨンごと冷ました後、脳を取り出し水気をふき、塩、こしょうする。さらにセモリナ粉（デュラム小麦の粗《あらび》挽き粉）をまぶし、バターとサラダ油を熱し、炒める。ソースは熱したバターにケイパー、トマトを加え、塩、こしょうで味を調える。

牛テールの赤ワイン煮込み

テールを関節ごとに包丁で切る。塩、こしょうして焼き色をつける。ベーコンを

炒め、ニンニク、タマネギ、ニンジン、セロリ、トマトピュレを加える。そこにテールを入れ、赤ワインを加えて煮つめる。いったん取り出したテールを網脂《あみあぶら》（豚の腸間膜）で包み、仔牛のダシ汁、赤ワインでさらに2時間ほど煮込む。

仔牛の胸腺の蒸し煮、プラム風味

水に一晩つけて血抜きした胸腺を鍋に入れ、水を加えて強火にかける。沸騰直前に火からはずし、流水にさらして薄膜を取る。バターで炒めたタマネギ、ニンジン、セロリ、ニンニクを鍋の底に敷き、胸腺を乗せ、プラム、ポルト酒を加えて蓋《ふた》をして蒸す。さらに鶏のダシ汁を加えて蒸し煮する。

仔牛の腎臓とキノコのココット焼き、マスタードソース

腎臓の脂を包丁で切り取り、鍋で温めながら血や水分を取る。ベーコンと網脂で腎臓を包み込み、ローズマリーで香りをつけながら焼く。ココット鍋に腎臓を入れ、バターで炒めたキノコを加え、白ワインを加えて煮つめる。さらに鶏のダシ汁を加えてオーブンで加熱する。腎臓の煮汁に粒入りマスタード、バター、塩、こしょうでソースをつくる。

牛胃の煮込み、パルメザン・チーズ風味

下ゆでした胃（ハチノス）を細長く切る。オリーブ油でニンニク、タマネギ、ニンジン、セロリを順に加えてじっくり炒める。そこに胃、白ワインを足し、裏ごしたトマト、さらに鶏のダシ汁を加えて煮込み、さらにローズマリー、セージ、イタリアン・パセリを加える。塩、こしょうで味付けし、1～1時間半煮込む。仕上げにパルメザン・チーズを加える。

仏料理は調理法が主役？

さて、いよいよ試食である。まずは腎臓から。ベーコンに包まれスライスされた腎臓のうまそうなこと。ミディアムに蒸し焼きされた腎臓ちゃんを一口。少しにおいが残っているがレバーによく似た感じ。香草や粒マスタードで臭みはとってあるが、やはりどうしてもにおいが残ってしまうようです。私も近くのスーパーで買ってきた牛の腎臓を料理したことがあるが、どれだけ血抜きして臭みをとり、味付けを工夫しても、やっぱり限界がありました。

次に仔牛の胸腺。見た目は肉というより白身魚のよう。口に運ぶと、あらまあ。もちもちっとしてるじゃありませんか。歯にまとわりつくような食感。それでいてしつこくない。レバーを限りなく淡泊にしたような味で、プラムの甘さとよく合う。お互い昔から友達だったみたいな関係だ。甘いのと組み合わせたところに意外性があります。

「私は、アバの中ではこれが一番好きなんです」

取材をコーディネートしてくださった辻調の松本しのぶさんが一言。私もこういうセリフを、いつかどこかで言ってみたい。

絹ごし豆腐のような脳は、こんがりソテーされたセモリナ粉に包み込まれている。白と茶のコントラストに食欲がそそられる。対照的なのは色だけではなかった。セモリナ粉のカリカリ感と脳のふわふわ感、それに脳の淡泊な味とケイパー&トマトのソースの酸味がうまく融合している。異質なものの組み合わせの妙ですな。突然、カメラマンの亀尾美春さんが「実は今日の料理の中で一番ビビってたんですよ……」と告白。「見るからにうまそう♡」と思う私とは正反対だ。「……でも、けっこういけますね」と言いながら亀尾さん、グイグイ攻めてました。最終的には私と彼（名前は女子みたいだが実は男子です）の意見が一致。

網脂に包まれたテールよ、どうしてお前はそんなに美しいのか……。振り付きで歌い出したくなるほどテールの赤ワイン煮は見事だ。何時間もコトコト煮ているので柔らかいし、ワインの味もしみわたっている。赤ワイン煮込みはやっぱりフランス料理の定番ですね。亀尾さんはたちまち饒舌《じょうぜつ》になり、数分で平らげていた。現金な人なのかもしれない。

最後はハチノスの煮込み。私はイタリアでも日本のレストランでも食べたことがあったが、再会した今、声を大にして言いたい。ハチノスはやっぱりトマト味と合うよー。これはもう長年連れ添った夫婦のような関係ですね。ハチノスは調理前は少しグロテスクで、はっきりいって不細工《ぶさいく》だが、調理後は優秀なスタイリストがついたみたいにエレガントに変身している。もう一度声を大にしていいですか。エコーもかけてくださいい。一度食べてみなはれーっ。

フランスのホルモン料理は、やはり手が込んでいる。言い換えれば日本は素材で勝負している。レバーにしろタンにしろ刺し身で食べるのがその典型だ。焼いたり煮炊《にた》きするにしても、調味料はせいぜいしょうゆ、みりん、味噌、酢、砂糖、塩、こしょうを使うくらい。だからホルモンのそれぞれの味が主役だ。

一方、フランス料理はホルモンを生で食べることはない。何種類もの調味料を使い、何百年もかかって培《つちか》われてきた調理法でホルモンを変身させていく。調理法が主役という感じ。もっとも、これは刺し身やしょうゆ味に慣れ親しんできた、しょうゆ顔の私（?）のひとりごとであるのだが。

日本とヨーロッパ料理の違いって、庭造りにも共通して言えるかもしれない、とホルモン奉行は考えた。ヨーロッパの庭は、自然を切り開いて芝生を植え、道をつける。幾何学的で人工的なデザインだ。一方、日本の庭は石や木を配し、自然に近い形だ。切り開くというより、自然を利用・模倣する感じ。料理も同じで、素材の生かし方がそれぞれ違うのは自然に対する考え方が背景にあるのではないか……と、ホルモン奉行はにわかにナイフとフォークを持った哲学者になったのだった……?

すべてを食べ尽くす中国料理

世界中でフランス料理に勝るとも劣らぬ人気があるといえば中国料理だろう。辻調の河合鉱造先生は中国とホルモンについて次のように語ってくれた。

「内臓料理は中国が一番多いと言っても過言ではないかもしれませんね。捨てるところがないということですね。そもそも中国人は薬食同源という考え方をもっています。最近、心臓の調子が悪いな、というときはいろんな動物の心臓を食べるんです。肝臓の具合が悪いときは肝臓を食べる。実際、理にかなっているんです。効果がある。食べて健康を保っているわけです」

どの動物のどの部位がよく食べられますか？

「主に豚ですね。中国では『肉』という字は豚肉を表すんですよ。部位でいうと舌、耳、胃袋、腎臓なんかがよく食べられます。ぼくがかつて働いていた香港ではガチョウとかアヒルの腸を料理でよく使ってましたね。アヒルの舌なんかは高級食材です」

レストランでも内臓料理は出るんですか？

「高級店でも出しますが、ほとんど置いていないです。やっぱり中級以下ですね。内臓料理に関しては家庭的な料理が多いです。なぜかっていうと、内臓類は値段的にも安いのと栄養価があってしかも美味しいので家庭でつくるわけです。家庭でも食べられるから、お店はあまり出さないんですよ」

それでは先生、ちょっとつくってもらえませんか、と言おうとしたが、「四本足で食べないのは机だけ、二本足で食べないのは両親だけ、飛ぶもので食べないのは飛行機だけ、泳ぐもので食べないのは潜水艦だけ」という広州料理を表す言葉を思い出した。つくってもらってたらきりがない。例えばこの章の冒頭に紹介した『中国食探検』をひもとけば、豚の歯ぐき、豚および牛の皮、牛・馬のペニス・睾丸《こうがん》、犬の内臓・ペニス、鶏の精巣《せいそう》（睾丸）、ラクダの足、熊《くま》の手足、ヘラジカの鼻……と何でも出てくる。四つ足動物以外では、聞いたこともない魚類の肝や腸、浮き袋なども料理に使われている。北京ダックひとつとってみても、フルコースでは腸、肝臓、砂のう（砂肝）、心臓、舌、水かきとなんでも出てくる。食べない動物、部位はない、というくらいだ。

イスラム教徒が多い中国西北部の新疆《しんきょう》ウイグル自治区では宗教上、豚を食べないが、そのかわり羊を食べ尽くしている。要するにどの動物のどこの部位を食べる、というようなレベルの話ではないのだ。

これは『中国食探検』の著者で、世界中をフィールドワークしておられる国立民族学博物館名誉教授で在日中国人三世の周達生先生に話をうかがうしかない。世界の食文化を文化人類学という視点から研究しておられる先生に、自宅がある神戸市内でお会いした。

――それにしても中国人は内臓を含めてよく食べますね。

「それは中国だけではないですよ。日本から見るとなんでもかんでも食べてるみたいに見えますが、ベトナム、韓国などの東アジアにしろ、ヨーロッパにしろ、徹底的に食べます。日本は島国ですから牧畜という生業《なりわい》は未発達で、牛や豚などの家畜をよく食べるようになったのは明治以降ですからね。世界的に見ると日本が特殊なだけで中国が特殊ではないんです」

——え、そうなんですか?

「中国は肉食といっても豚食が中心ですが、日本の場合は魚食になるわけです。日本ほど豊かな魚食の国はないんですよ。例えばアンコウの場合は肝はもちろんのこと、エラまで食べるわけです。鯨は哺乳類ですけど、徹底的に食べる。腸は「百尋《ひゃくひろ》」、脂は絞った後、関西では「コロ」と称して食べます。佐賀県の呼子《よぶこ》町では「カブラボネ」といって顎《あご》の軟骨は切って粕《かす》漬けにします。腎臓も睾丸も食べます。だから中国だけが極めて特殊というわけではないですよ。かなり徹底的に食べるという点ではヨーロッパ以上かもしれないけれども」

——とは言うものの、やっぱり中国の人はどんな動物のどの部位もよく食べていると思うんですが……。

「まあ、そうやねえ……。でも一概に言えないんじゃないかなあ。確かに中国は日本の二十六倍の面積があるから、あちこちにあるものを寄せ集めたら種類が多いというのはあります。でも例えば、犬はどこでも食べているわけではないです。ひよこになりかけの卵は南のほうでは食べるけど、北京の人は気持ち悪がって食べない。中国の研究者を日本に招待してホテルで食事しても、上等のサイコロステーキを喜んで食べる人もいれば、農作業に牛を使ってきたから食べたらバチが当たるといって口をつけない人もいる。刺し身を薦めても食べない人もいっぱいいる。他の食文化を試してみようというのは、一般的にいって中国の人にはない。やっぱり中国人は中国の文化の中で育ってるからね。それにはみ出すようなものは食べないですよ」

——そ、そうなんですか。中国料理総体としてはいろんな動物のいろんな部位を食べているけれども、地域差があるということですね。

「日本でも同じことが言えます。例えば福岡県の柳川《やながわ》とか佐賀県なんかではイソギンチャクを食べる。これを食べるのは日本のほんの一部の地域とスペインのある地方だけ。アメフラシ、いわゆるウミウシは韓国の釜山《プサン》で食べたことがあるけど、日本では島根県の隠岐《おき》諸島だけ。しかも全部の島ではなくて一部の島でしか食べない。日本人も知らん人がいっぱいおるわけね。そういうふうに文化の中でも地域差があります」

——ホルモンに関しても同じことが言えますね。ところで、先生の家庭ではホルモンを食べていましたか？

「子どものころ育った家にはコックがいましたけど、鶏は買ってきて内臓を含めて調理してました。豚は内臓を手に入れる機会が非常に少なかった。特別注文しておけば手に入るけど、そうポピュラーではなかった。日本ではあまり内臓類は市場では売ってないですよね。売ってるところもあるけど、限られたところしかないからね」

そうなんですよねえ。これも地域差があるにしても、中国やヨーロッパと比べて、あまり売ってないですよねえ。

ではなぜ日本ではそれほど食べないのか、という疑問が思い浮かぶ。この問いに辻調の河合先生がひとつのヒントを与えてくれた。

「内臓は、硬い部位は炊いて柔らかくするとか、臭みがあるからそれを取るとか処理するのが大変なんです。豚のマメ（腎臓）は白いスジを取らなきゃならないし、鶏のレバーは緑色に変色してる部分はにがいから取り除いたり、血を抜かなきゃいけない。大変だけれども、それさえきちっとすれば本当においしい料理に変身します」

中国の家庭では、そのような労力を厭《いと》わないわけだ。翻《ひるがえ》って日本を見ると、レンジで温めるだけ、お湯を加えるだけという食べ物（断じて料理ではない）がいかに多いことか。

日本を〝ホルモン先進国〟に

牛、豚、鶏の副生物（ホルモン）研究の第一人者である岐阜市立女子短期大学の杉山道雄学長は、日本で多くのホルモンが捨てられていることに警鐘を鳴らしている。

「日本ではタンとレバーに人気がありますが、内臓類はヨーロッパの半分以下しか食べられていません。ほとんどが捨てられてしまっています。ゴミとして捨てるということは、環境問題上もよくないということです。燃料代もかかるわけですから。アジア各国では肉と内臓類の価格差が日本に比べて小さい。部位によっては内臓類のほうが肉より高くて、それだけ無駄なく食べているということです。シンガポールのスーパーでは内臓と精肉が一緒に並んで売られています。日本では内臓は低所得の人が食べるもの、と思い込んでいる人が多いんです。おいしい食べ方を知らない。そういう意味で日本は文化が遅れているんですよ」

杉山先生の研究論文には、各ホルモンの特徴と調理法まで書いてあって、先生のホルモンにかける並々ならぬ情熱が伝わってくる。

それにしても世界的に見て、日本では多くのホルモンが捨てられているというのは、実にもったいない話である。実際、私も関西のいくつかの屠場《とじょう》で、豚のホルモンすべてがゴミ箱行きか、脂の専門業者に引き取られていくのを見た。手間と時間をかけても牛のように付加価値を生まないのだという。次々と捨てられていく宝の山を見ながら、奉行はこの国の将来を考えた。霜降りだのブランド牛だのと精肉ばっかりが注目されがちだけど、こんなことじゃあ世界から〝ホルモン後進国〟と呼ばれかねない。
こうなれば、「小さなことからコツコツと」やるしかない。
さて、今夜はどのホルモンにしようか。

7

韓国の巻

いざ、ホルモン王国へ!!

ソウルの地下鉄東大門《トンデムン》市場駅近くの靴屋で、めざす通りを怪しげな韓国語で聞いたら、靴の中に入れてある型紙に地図を書いてくれた。衣料、機械部品、古道具、古レコード、エッチビデオなど、まったくジャンルが違う店が続く商店街を抜けると、屋台がずらりと並んだ通りに出た。二、三百メートルはあるだろうか。店先には、豚の内臓の数々が「どないでっか、食べていきまへんか、うまいでっせ」と言わんばかりに陳列されている。

坂道を上る途中の暇そうな屋台に入った。プラスチック製のざるに、小腸（コプチャン）、大腸（テッチャン）がうねうねととぐろを巻いている。どれも少しずつ頼んだら、小腸だけを鉄板で焼いたのと、大腸の野菜炒《いた》めの二種類をつくってくれた。小腸は練炭の火でじっくり焼き、塩をつけて食べる。牛の第一胃、ミノに似た食感で、臭みはない。野菜炒めは甘辛い味付けで、野菜や春雨との相性もいい。自然に顔がゆるんできた。ぷはー、ビールがうまい。

かすかに雨音がする。耳を澄ますと、屋台を覆《おお》うビニールが風に揺られた音だった。カウンターのショーケースに目をやると、小腸、大腸と一緒に、ラグビーボールの形をした赤黒い塊《かたまり》がある。はてな。

「これ、何ですか？」

厚手のセーターにダウンベストを着込んだ店のおばちゃんに尋ねたら、

「男にしかないものだよ」

と言われた。豚の睾丸《こうがん》だ。大の男の拳《こぶし》ふたつ分くらいはある。横浜の焼肉屋などでスライスしたのを食べたことはあるが、原型を見るのは初めてだ。半分だけちょうだい、と注文したら、ひとつ単位でしか売らないという。一番小さいのを選んで、五千ウォンを四千ウォンにまけてもらう（〇一年当時、千ウォン＝約百円）。一口大に切り、鉄板で焼く。少し生臭いがけっこう柔らかい。塩、ニンニク、ごまの葉っぱ、サンチュ（サラダ菜）と一緒に食べるんだよ、とおばちゃんが教えてくれる。

「美味しいかい？　学生かい？　観光かい？　一人かい？　何の仕事？　そうか、いっぱい書いておくれよ」

身振り手振りを交えての初級韓国語講座が続く。屋台は昼の十一時から夜の一時ごろまで営業しているという。

「子どもが五人もいるから大変なんだよ」

そう言って笑うおばちゃんには、前歯がほとんどなかった。

ビールをさらにもう一本頼んだら「それ以上飲んだら、取材できなくなるよ」と余計な心配までしてくれる。内臓類を肴《さかな》に、今度は焼酎をちびりちびりとやる。それにしても、豚の内臓だけで店を開いている、というのがいいなあ。韓国はホルモン王国かもしれへんなあ……。ひとりごちながら宿に帰り、もう一本ビールを空けた。

韓国は豚肉文化

韓国に六日間、滞在した。彼《か》の地のホルモン事情を知るためである。食堂で食べまくり、市場やスーパーをうろつき、片言の韓国語で、ときには日本語で、ホルモンについて熱く語り合った。珍しい日本人である。

ざっと見たところ、韓国は肉に関していえば豚肉文化である。

「韓国では牛より豚のほうが好まれますね。ええ、ぼくも豚が好きです。値段が牛より安いというよりも、豚のほうがおいしいですから」

日本語を学ぶ大学生が、「牛と豚、どっちが好き?」という小学生みたいな私の質問に答えてくれた。百貨店やスーパー、市場の肉売り場に行くと、地域差はあるものの、だいたい豚が六、七割を占めている。少し古いが一九八四年度の産業協同組合中央会の調査では、市場に流通している肉類の比率は、豚五五、鶏二三、牛二二で、豚がぶっちぎりで独走している。

八〇年代の後半、私が大学生だったころ、韓国の仮面彫りの家にしばらく居候《いそうろう》していたことがある。

「今日はちょっと奮発してプルコギだ!」

ある日、その仮面彫りが言うから小躍りせんばかりに喜んだ。プルコギとは、牛肉や野菜を網や鉄板の上で焼く韓国料理のひとつである。しかし、出てきたのは豚肉だった。ちょっとがっかりしたが、こんもり盛り上がった鉄板の上で肉を焼き、調味料と一緒に野菜にくるんで食べたら、なかなかいけた。そういえば大学生の集団と一緒に山に登ったときも、山上で豚の焼肉を食べたっけ。韓国では、肉といえば、まず豚なのだ。

一度、焼肉好きの在日朝鮮人の友人と韓国・安東《アンドン》に行ったことがある。安東の牛は、韓国では最高級ブランドとして有名だ。

「ここ、絶対うまそうやで。ここにしようや」

ある店の前で、友人が確信に満ちた表情で言い切る。早く食べたくてそわそわしている。実家が焼肉屋の彼が言うのだから間違いないだろうと信頼し、店に入った。甘いタレに漬け込んである牛肉を石の上で焼いて食べるのだが、タレでごまかしているだけで肉そのものはあまり美味《おい》しくない。友人が申し訳なさそうな顔をしている。

「君は何を根拠にこの店を選んだんや」

私が詰問《きつもん》すると友人は笑ってごまかした。笑ってる場合やないで。

「韓国はやっぱり豚カルビやわ」

後に彼は私にそう述懐した。在日朝鮮人の彼は日本の牛肉が好みらしい。

韓国の牛肉でも、うまいもんはうまい。私が初めて韓国に訪れて入った済州島《チェジュド》の焼肉屋で食べた牛の骨付きカルビは、柔らかくて甘みがあって、私はたちまち済州島が好きになった（単純な人間かしら）。

韓国といえば焼肉を思い浮かべる人が少なくないが、けっこう当たり外れがある。結局、土地や店によるのだろう。これは日本でも同じことが言えるのだが。

豚肉文化は屋台でもつ

さて、今回の旅の目的は「ホルモンから見た韓国」である。目と口を皿のようにして街を歩けば、ありますなあ、ホルモン、ホルモン。

韓国の食文化を語るにあたって、絶対に無視できないのが屋台だ。ソウルであれ釜《プ》山《サン》であれ、観光ガイドに載らない小さな街であれ、屋台のないところはない。屋台王国。全国で合計すれば何十万台になるのではないか。売っているものはといえば、細長い餅《もち》を甘辛く味付けしたトッポッキ、韓国風寿司、焼き鳥、クレープ、焼き栗、ぜんざい……と、なんでもござれ。最近は内装も凝っていて、日本のスナックのような立派なお店もある。昼も夜も学生やサラリーマンが気軽に立ち寄っている。つまりこの国には、買い食い・間食文化とも呼ぶべきものがあるのだ。

その屋台で、どこに行っても目にするのが、豚の腸に血、春雨、野菜などを詰めこんだスンデだ。半生で形はソーセージにそっくり。朝鮮料理に詳しい滋賀県立大学の鄭大聲《チョンデソン》教授は「スンデは生活の中で、ものすごい位置を占めてますよ。屠《と》畜《ちく》した豚のすべてを利用する象徴的な食べ物です」と力説する。なんでも中国の朝鮮族が住む地域では、市場にスンデ・コーナーまであるそうな。

市場には必ずある豚の内臓類（手前）とスンデ

韓国の大きな百貨店では、ファストフードのコーナーに必ずこのスンデが売られていて、国民食ではないか、と思うくらい愛されている。わたくし、ホルモン奉行も、釜山の西面《ソミョン》総合市場で試してみた。おばちゃんが、スンデの輪切りと豚の腸、レバー、野菜類を三、四分で炒めてくれた。湯気が立つそいつを一口、二口、三口……あらら、なくなっちゃいそう。スンデにはこれといった味はないが、甘辛い味付けと合う。ごはんのおかずにもってこいだ。値段も千五百ウォン（約百五十円）とお手頃。愛される理由は、うまい、安い、早いの三拍子にあったのだ。

屠畜事情をトンと学ぶ

韓国の食生活で、ホルモンは大きな位置を占めている。その中でも豚足の人気は高い。百貨店には、そのままの形で真空パックされたものもあれば、スライスされてパックに入ったものもある。日本のようにくるぶしから下の部分だけでなく、膝《ひざ》から下が売られていることもある。韓国に行って豚足に困ることはない。豚足の専門店もある。メニューはもちろん豚足だけ。釜山ではこの手の専門店がずらりと軒を並べていて、けっこう客が入っている。まさに豚足天国。一度味わったが、スライスされたそれは、脂《あぶら》っこくなく、柔らかくて、サンドイッチにはさんだらぴったりだと思った。豚足好きは韓国に行くべし。

食べてばかりだと、食べにきただけと思われかねないので（いや、その通りなのだが)、豚の勉強をしに、金《キ》海《メ》市にある金海畜産物共販場におじゃました。釜山から車で一時間弱。養豚農家が一九八三年に設立し、現在、一日に豚千四百頭、牛十頭を屠畜、加工している。以前は牛を一日百五十頭ほど捌《さば》いていたが、欧州でのBSE発生以来、グンと頭数が落ちたという。

豚の屠畜現場を見せてもらった。水蒸気が立ち籠《こ》める室内で、電気ショックで気絶した豚が逆さづりにされ、次々と運ばれていく。首を落とし内臓を出し……と日本の近代化された屠場とさほど変わらない。

道端に並べられた豚の頭部（釜山）

スライスされた豚足

「日本とよう似とるわ。ただ、作業してる人数が、こっちのほう（韓国）が多いけどな」

同行してくれた日本の屠場労働者が解説してくれた。彼とは釜山の市場にも一緒に行ったが、肉の捌き方に関しては、日本のほうが丁寧だという。

内臓類の取引はどのようにおこなわれているのか、岡山大学農学部に留学経験がある輸出担当の田敏棋《チョンミンギ》さんに聞く。

「豚の内臓類は、別の会社が年間契約で買い取っています。足と頭は、内臓とはまた別の業者がそれぞれ買い取っています。牛の内臓の場合は精肉と同じように競《せ》りにかけ、高い値段をつけた人が競り落とします」

日本の場合、牛の内臓は、競りはおこなわずに組合が一括して買い取り、組合員に分配するケースが多い。日本と韓国ではシステムがまったく違う。

「それでは内臓処理が行われている地下室を見せてください」と頼むと「衛生上の問題があるから無理です」ときっぱり断られた。がっくり。その代わり、豚の加工場を見せてもらった。総勢三十人くらいが、枝肉を捌き、各部位に切り分け、脂を落としている。流れ作業になっていて、まさに工場だ。ここで燻製処理された豚の各部位は真空パックされ「PORK VALLEY」（日本語に訳すと豚肉の谷！）の商標で国内外で販売されている。

社内にある売店では、豚の片足が四万ウォンで売られていた。ええっと、日本円で四千円か。ふふふ、十日くらいは食べ続けることができるな。頭の中で足にしゃぶりつく自分を想像したが、この後、取材しながら持ち運ぶのはどう考えてもむずかしい。

断腸の思いで諦《あきら》めた。サヨナラ、豚肉の谷よ。涙目で共販場を後にした。

牛の小腸 in 釜山

韓国では豚肉が中心だが、もちろん牛肉も食べられている。とくに内臓類だ。釜山に到着したその夜、さっそく内臓類を食べに行った。ホルモン奉行の指南役は、たびたび登場する兵庫県姫路市の元祖ホルモニスト、平山富幸さんとヤーさんである。二章で、平山さんは月に三日以外、毎日ホルモンを食べていると書いたが、付け加えておかなければならない。ホルモンを食べているのは、朝と夜の一日二回をほぼ毎日でした。一カ月に五十食以上！　食べ過ぎや！

金海畜産物共販場に一緒に行ったのも、実は平山さんとヤーさんだ。

「韓国のホルモンはうまいでー。今度一緒に行こか」

日本で取材したときに平山さんにそう言われ、奉行はその気になったのだった。好奇心と食欲が旺盛な編集者も同行してくれることになり、「あたしも行く」と会社員の嫁はんまでが休暇をとってついてきた。平山さんを紹介してくれた市会議員も来ている。私の周りは、どうしてこうホルモン度数が高い人ばかりなんだろう。

「ホルモヤキ」の看板が上がった店に入る。もちろん、「ン」が抜けとるがな、というツッコミを忘れずに。何度も韓国に来て、行きつけの店になっている平山さんが、自分が働く屠場から真空パックにしてもってきたテールの輪切りを取り出した。さすがホルモニスト、海外に来てもホルモンを欠かしませんね。しかも持参のそれを店で焼いている。こんなことしてええんでっか？

ミノ（ヤン）と小腸（コプチャン）を注文する。味噌、しょうゆ、粉唐辛子などをブレンドした赤いヤンニョムジャンで漬け込まれたそれを網の上に乗せ、練炭の火で焼く。注目すべきは小腸で、十センチ前後に切ってあるが、そのまんまの形だ（口絵で紹介）。日本ではまずお目にかかれない。チリチリという音とともに周りが焦げ、両端から肉汁がこぼれ出てきたところをはさみで一口大に切り、頬張る。あははは。これは笑いが止まらない。ぷりぷりした食感、甘味と塩味がうまい具合に入り交じった肉汁……。これはもうケチのつけようがない。日本代表のホルモニストが推薦するはずである。ミノも食べてはみるが、比べものにならない。いや、ほんとに。平山さんによると、日本では小腸は取り出してすぐにナイフで裂き、脂などを機械で削り取ってしまう。韓国では中をきれいに掃除はするが、うまみがある脂は落とさない。

「肉は脂があってこそうまいんや。それをなくしてしもうたら、もみのうて食われへん」

平山さんがホルモン道を説く。もみないとは播州弁《ばんしゅう》で、美味しくないという意味である。

「脂に、うまみがありますねえ」

編集者がしきりに感心している。「取材、手伝うからね」と言っていた嫁はんは、小腸を食べることのみに専念している。これを食べに来たんやがな、と言わんばかりに。

「あたし、実はホルモンあかんねん。けど、これはおいしいわあ」

市会議員の通訳も感激している。みんな幸せな顔をしている。私だけ、仕事をしている。最初はメモをとったり写真を撮ったりしていたが、途中から、もう仕事なんかどうでもよくなり、小腸を食べることに集中した。我ながら驚くほどの集中力だった。

その夜、初体験組はすっかり小腸に心を奪われてしまった。

ソウルでホルモン三昧《ざんまい》

旅の後半は、ひと足先に帰国したホルモン訪問団とは別れて単独行動にうつった。

ソウル中心街のホテルは、日本並みにどこも高い。面倒くさくなって下町の連れ込み宿に泊まったら、その周辺には内臓料理を食べさせる店がいっぱいあって、取材には恰好《かっこう》のロケーションだった。多くの飲食店の店頭には、各料理の写真と日本語のメニューが掲示されている。内臓料理が豊富な店を選んでさっそく食べまくった。一部をここで紹介したい。

コプチャン・チョンゴル

小腸と野菜類を煮込んだ鍋《なべ》。小腸が主役のはずだが、あまり目立たない。煮込みより、やはり焼きがお薦め。

ヘジャンクッ　（口絵で紹介）

二日酔いや体調の悪いときなどにおなかをすっきりさせる料理をいう。よくあるのは内臓各種を入れたものだ。牛の第一胃のミノ、大腸、血を凝固させたスンジなどが入った、まさにホルモン料理の王道をいくスープだ。スンジ自体には、これといった味はない。市場に行くと缶に入れて売られている。何でも利用するホルモン料理を象徴する食材だ。

ちなみにタイでも、韓国でいうスンジを料理に入れる。それだけでなく、牛の血を入れたラーメンもある。写真を見ると確かに赤黒い。ある程度火を通すから生臭くないとか。血も大事な食材なのだ。

牛の骨

背骨を長時間煮込んだ骨付き肉。これはけっこう高かった（大皿に山盛りで一万五千ウォン、約千五百円）。高いだけあって、あばら肉のカルビに似ていなくもない。ジュクジュクしたスジも美味。ひとりでこんなにたくさん食べるのは無理、と思っていたが、結局平らげてしまった。

ネジャンスユク（口絵で紹介）

「ネジャン」とは内臓のこと。ミノ、ハチノスなど内臓各種を湯がいた韓国版オードブル。かなり柔らかく煮込んでいて臭みもない。内臓も煮込めば淡泊になる。しょうゆをつけて食べるので、日本人の口にも合う。

このほか、テールを煮込んだコムタン、膝頭を煮込んだトガニタン、主な内臓を煮込んだソルロンタンなど、スープ類はホルモンなくしては成り立たないほど大活躍している。これらのメニューは食堂などにも置いてあるから、どこの街でも食べることができる。まさに大衆料理。時間をかけて煮込んであるので本当にいいダシが出ている。塩とこしょうで味付けされていて、少しも辛くない。スープ・ファンにはぜひお薦めしたい。

内臓料理を出す店に通い、ひとり食べまくっていたら、店の主人に日本語で話しかけられた。美味しいか？　学生か？　観光か？　一人か？　何の仕事？　屋台のおばちゃんと一緒の質問を浴びせかけられた後、よし、これからわしの家で飲み直しや、ということになった。まあ、それは楽しい夜になったが、それにしてもホルモン関係者は人間的に熱い。これは万国共通なのかもしれない。

犬もうまいで～

明日は日本に帰るという日の朝六時。ホルモン訪問団の中で唯一人残っていたヤーさんから電話があった。こんな朝早くから何事かいな、と思ったら、「朝八時に市場に行くでー」と言って切れた。パンを食べていざ、京東《キョンドン》市場へ。野菜、果物、穀類、肉類などを見て回る。

「欲しかったら、ちょっとつまんで食べてもええんやで」

ヤーさんはそう言うが、気の弱い私は、商品に手をつけることなどとてもできない。豚も牛も塊で売っている。珍しいのは牛の足だ。日本では捌いてアキレス腱《けん》やスジだけを取るが、韓国ではそのままドボンと鍋にぶち込み、ダシをとるという。百貨店の食料品売り場で見たこともある。ただし、けっこうな値段だった。日本円で一本三千～四千円くらい。このほか、豚の皮もきれいにたたんで売られていた。焼いたり煮込んだりして食べるという。

豚や牛が売られている一角で、皮を剝《む》かれた犬がそのままの形で売られていた。

「これ、写真撮らなあかんがな」

ヤーさんが言う。

「いや、なんかヤバそうですよ」

怖《お》じ気《け》づく奉行。店のオヤジが怪訝《けげん》そうな顔でこちらを見ている。一般的にいって、韓国人は初対面ではあまり写真を撮られることを好まない。

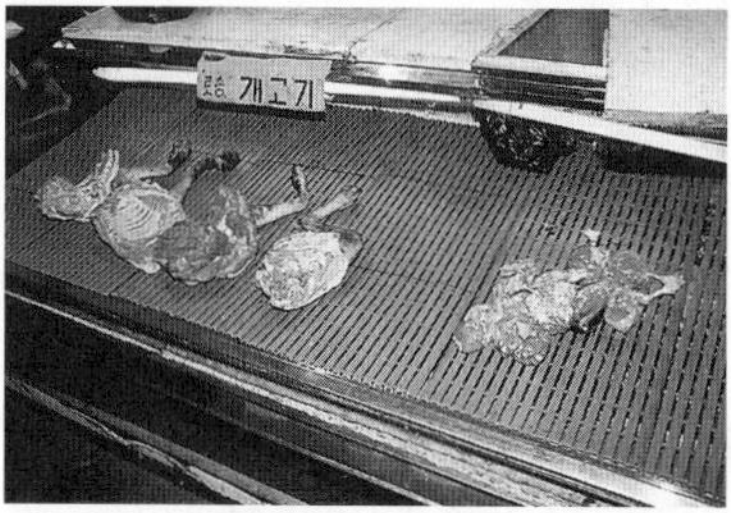

及び腰で撮った犬の肉

「何言うとんや。何か言うてきたら、わしが怒ったるがな。はよ撮らんかいな！」

店のオヤジより、ヤーさんのほうが怖い。及び腰になってシャッターを切ったら、やっぱりオヤジに怒鳴られた。犬の肉の隣りに臓物らしきものがビニール袋に入れて売られていた。確かめたかったが、それどころではなかった。

市場の地下食堂で、豚の内臓、頭肉の炒《いた》めものを食べる。早朝にパンを食べてきたのが悔やまれる。でも目の前に料理があると、なぜか箸《はし》がすすむ。食堂のお姉さんが、豚の内臓を湯がいている。一時間から一時間半は湯がくという。これがカウンターの上に陳列されるわけだ。

豚のホルモンを肴《さかな》に焼酎をひっかけながら、在日朝鮮人二世のヤーさんの食体験を聞く。なんでも小さいころは豚や牛よりも犬を一番食べていたらしい。その昔は部落でも食べられていた。牛や豚はＯＫだが、犬はノーグッドというのは、鯨を食べるのはおかしいという論理と同じであることはいうまでもない。

その昔、日本でも犬はよく食べられていた。殺生《せっしょう》を禁じる仏教が普及した七世紀には牛、馬、猿、鶏に加えて犬を食べてはならぬ、との勅令が出された。犬もそうだが、猿も食べていたわけですな（煮込むと臭くてまずいらしい）。同じような勅令は八世紀にも出ていて、やはり犬を食べることが禁止された。ということはけっこう食用にされていたということだ。

鎌倉時代から江戸初期の都市遺跡として知られる広島県福山市の草戸千軒町《くさどせんげんちょう》遺跡では、出土した哺乳類の骨の中で、犬が全体の三分の二を占め、その多くに解体痕や火であぶられた痕跡が残っているという。

時代は下り、江戸初期の書物『料理物語』には「鹿《しか》は貝汁、焼煎、干してもよし。狸《たぬき》は田楽、山椒《さんしょう》味噌。猪《いのしし》は汁、田楽。兎《うさぎ》は汁、煎焼。川うそは貝焼、吸物。熊は吸物、田楽。犬は吸物、貝焼」とある。犬は吸物にしたり、貝の上で焼いて食べていた。江戸中期の『落穂集』には「武家・町方ともに、下々の食物としては犬にまさるものはないとされ、寒くなってくると、見つけ次第に打ち殺して食べたからである……」みたいなことが記されている。武士も町人も食べていたわけだ。犬を見つけ次第、殺していたというのは、ちょっといただけませんなあ。でも、ごちそうだったんだ。歴史的に見て、犬は食用でもあった。

市場で見たことだし、よし、昼は犬でも食べに行こう、ということになった。ソウルの中心地、超高層ビルが立ち並ぶ一角に、犬を煮込んだ鍋、補身湯《ポシンタン》を食べさせる店が軒を連ねている。こんな都会の真ん中で口にできるとは思わなかったなあ。この補身湯、以前は「狗醤《ケジャン》」と呼ばれていたが、「犬を食べるのは野蛮」という欧米の圧力（偏見）で、一九四〇年代半ばに名称変更したのだという。名前を変えても、欧米人にはわからんと思うけどなあ。そういえば、一九八八年のソウルオリンピック開催前にも犬鍋屋が片隅に追いやられた。二〇〇二年に開催された日韓共催のワールドカップ・サッカーでも、国際サッカー連盟（ＦＩＦＡ）が韓国に「犬が食用として育てられ、苦痛を受けている」と犬肉料理の追放を要請した。ＦＩＦＡの会長が、「韓国での犬の虐待《ぎゃくたい》に抗議する手紙が世界中から来ている」と述べ、動物虐待を禁ずる早期の法整備を求めたという（『朝日新聞』二〇〇一年十一月八日付朝刊）。だったら牛肉食べるのは牛の虐待にならないのか。何とぼけたことぬかしとんのや。でも、民族文化のひとつだから店はちゃんと残っている。

二〇〇八年に開催された北京オリンピックでは、北京市が五輪組織委員会契約のレストランに犬肉料理を出さないように指示した。ワールドカップ・サッカーで、韓国が欧米から犬肉料理を批判されたのを意識したという（『朝日新聞』〇八年七月十二日付朝刊）。ただし、五輪期間中だけの措置で、同じ朝日新聞は、〇九年十一月二十八日に「犬肉　根づく冬の味覚」という見出しで、中国・南昌の犬鍋屋を好意的に紹介している。「犬肉はカロリーが高く、体が温まる。小さいころは寒くなると家でも食べていた」とOLがコメントしている。大きなイベントがあるたびに抗議があったり自粛したりが繰り返されるのは滑稽《こっけい》である。

さて、ヤーさんと行ったソウルの犬鍋屋である。小部屋に通されると、真っ赤な鍋が運ばれてきた。最初は少し生臭いにおいがするが、食べているうちにまったく気にならなくなった。肉、スジ、脂《あぶら》などいろんな部分が入っている。どれも柔らかくて、幼児やお年寄りでも問題ない。ときどき咳《せ》き込むほど辛いが、確かにうまい。ソウルの別の店と大阪で一度ずつ試みたことがあるが、この日食べたのが一番だった。今も食べ続けられているのがうなずける。読んで字のごとく、体にいいとされているのに加え、美味しいのだ。

　肉はともかく内臓はどうしているのか？　店の人に聞くと捨てているという。たちまちヤーさんの顔が曇る。

「内臓がうまいんやがな。牛のホルモンと比べもんにならんくらいに……」

「犬の内臓では、特にどの部位がうまいんですか？」

ジャーナリストである私はヤーさんに聞いてみた。

美味なる犬鍋、補身湯

「そんなんわからん。どこも一緒や！　うまいもんはうまいんや!!」

　ちょっと取材になりませんでした。

「鍋もええけど、焼いてもええよ。腎臓とか肝は塩焼きにして食いよった。昔はこの店でも焼いて出しよったんやがなあ」

　ヤーさんが懐かしそうに言う。この店は今は鍋料理だけ。食べ方も変わってきているようだ。

　仕上げに犬の肉でダシをとった鍋にごはんを入れ

て食べたら、朝からパンと豚を食べているというのに、いくらでもおなかに入った。夜は牛を食べたが、さすがに最後は野菜が恋しくなった。

朝鮮民族は昔から犬を食べていたが、数十年前までは日本でも地域によってはよく食されていた。ホルモニストの平山さんに帰国後、根掘り葉掘り聞いた。ホルモニストは小さいころから犬を食べている。

「犬は赤犬がうまいと言うやろ。あれは嘘《うそ》。犬は黒でも白でも、背中に脂肪のあるのがうまい。犬は肛門の奥にヘダマというイボみたいなのがある。あれを切り取ったら肉も内臓も臭みがなくなる。犬のホルモンは身が厚くて牛の倍ぐらいある。洗うのは簡単やし、味もあっさりしとる。しょうゆで煮込むんやけど、腸がいっちゃんうまいな。セマメ（腎臓）や心臓は網で焼いて食うとった」

肉は骨付きのまま、しょうゆで味付けして食べたという。韓国では薬味がたっぷり入っていた。両国では味付けが違う。平山さんによれば、近くの在日韓国・朝鮮人の集落では、戦後になって数十年経っても、多いときには一日百匹が集められ、解体されていた。もちろん食用である。週に一度は食べないと気がすまないという人もいたという。

その昔、一部の部落でも犬は解体され、食用にされていた。食用としての犬の歴史は長いのだ。

奉行が見た韓国食事情

韓国のホルモン料理は、日本と比べると段違いに豊富である。とても六日間ではすべてを食べ切れない。ホルモン摂取率は、おそらく日本の何倍もあるに違いない。

「やっぱり韓国ではホルモンはよく食べられてましたー」

滋賀県立大学の鄭大聲教授に報告すると、「そりゃそうですよ」と返された。

「日本では戦後、焼肉料理が普及してくるにつれ内臓の食べ方をおぼえたんであって、それまでは基本的には被差別部落の人たちだけが食べてたわけですから。でも、部落の中に閉じ込められてきた文化だから、広がりはほとんどなかった。内臓料理は焼肉料理の普及によって公《おおやけ》になったんですよ」

もっともホルモンは戦前から食べられていた、という研究もあるのだが（前掲『焼肉の文化史』参照）。

内臓料理ひとつとっても、日本と韓国ではその歴史、普及度は違う。ただ、共通しているのは、ハレの日などを除いて、韓国でも日本でも家庭ではそんなに食べられていないという点だ。韓国のスーパーに行っても、内臓類はそんなにあるわけではない

（ただし豚、牛の足と牛テールは除く）。むしろ、まだ日本のほうが多いように思えた。

市場、スーパー、百貨店を徘徊して感じたのは、韓国では冷凍食品が多く、生鮮食品は鮮度が日本に比べてよくない、ということである。このふたつは密接に関係している、と私は考える。市場などでは魚にしろ、肉にしろ冷蔵設備がほとんどない。日本では冷蔵庫がない場合、下に氷を敷いたりするなどして鮮度を保つが、韓国の場合、そういったことはほとんどしない。肉に関していえば、どこのスーパーでも、鶏のレバーや砂肝は黒ずんでいた。市場や屋台に置いてある豚の内臓類も、干《ひ》からびて表面が固くなっているものも少なくなかった。鮮度に関していえば、日本のほうが良好である。

そのかわりなのかどうかわからないが、韓国は干物、保存食品はびっくりするほど充実している。東洋一を誇る可楽洞《カラクトン》市場に行ったが、魚であれ野菜であれ、半分くらいが干物、保存食品だった。逆にいえば、必ずしも鮮度にこだわらない、ということだ。つまり日本と比べると「取れたて」という発想があまりない。美味しさの基準が違う。もちろんその背景には、冷蔵技術とそれを支えるための経済力、さらには流通システムという問題もある。

美味しさの基準や食のシステムの相違はさておき、食文化に関する根本的な違いについて、ソウルに在住する在日韓国人の徐潤純《ソユンスン》さんは、そもそも韓国人は食べることにかける情熱が、日本人とは比べものにならない、という。

「食べることは韓国人にとってはすごく重要なことなんです。仕事が遅れていても、時間がなくても、食事はちゃんとしなければならないんですよ。韓国人と日本人がシンポジウムを一緒にしても、韓国人は食事に一時間も二時間も費やすんですが、日本人は三十分くらいで済ませてしまうんです」

ホルモン料理の種類や普及度、鮮度へのこだわり、食べることへの情熱……。いやー、お隣り同士といえども、ほんっとに違うもんですね。

あの素晴らしい肉をもう一度

朝昼晩とホルモンばかり食べていたのに、帰国してしばらくするとまた恋しくなった。〽あの素晴〜らしい、肉をもぉう一度〜。こうなったら焼肉の聖地・鶴橋（大阪市）に行くしかない。JR環状線・鶴橋駅に着き、電車のドアが開くと、焼肉のにおいがただよってきた。ここに来るのも久しぶりだ。

実はホルモンの取材をするにあたり、すぐに鶴橋に行ったら、いかにも芸がないと思い、あえて行かなかった。が、韓国料理が恋しくなって来てみて、やはりここは焼肉およびホルモンの聖地であることを実感した。店の数、料理の種類、味。どれをとってもどこにも負けていない。牛の心臓の動脈・タケノコ（コリコリ）も、脾臓《ひぞう》（チレ）も、ホルモン鍋も、いろんな内臓を煮込んだソルロンタンもある。韓国で食べ逃したのを、ここで食いまくってやるー。興奮気味の自分を落ち着かせ、鶴橋卸売市場をのぞいてみれば、内臓を扱う肉屋は十軒を超え、牛、豚のほとんどの部位が揃《そろ》っていた。牛の心臓まるごとひとつが五百円で売られている。在日韓国・朝鮮人が数多く住むという歴史と背景があってこその焼肉・ホルモン文化なのだが、こりゃあしばらく通って食い倒さなあかんなあ、と決意したのだった。

看板にでかでかと「ホルモン鍋」と書かれた店に入って食べていたら、十四年ぶりに大学時代の友人に会った。なんとも強力な磁力をもった街である。

ホルモン奉行はいつかまた、ブーメランのように韓国の屋台に戻ってきて、焼酎を飲みながらホルモンに舌鼓《したつづみ》を打つんだろうなあ。

8

怒りの奉行の巻

「BSE」騒動を斬る！

史上最悪の事件

二〇〇一年九月十日、「国内初　狂牛病の疑い」というニュースが、日本列島を駆け巡った。それは、日本畜産史において最大にして最悪の事件の始まりだった。十一月に二頭目、十二月に三頭目が見つかった。

ホルモンの取材をしていても、食肉関係者の間ではその話題でもちきりだった。「あんたの力でどないぞならへんか」と一度ならず言われたが、たかがホルモン奉行、何ができまんねんな。「牛肉は危ない」という不安が消費者に広がるなかで、わたくし、ホルモン奉行は、各地で焼肉を食べまくっていた。だってね、取材で訪れた焼肉店で食べないわけにはいかないんだもん。取材をすればするほど不安はなくなっていったし。問題発生後、おそらくいちばん焼肉を食べているライターは、間違いなく私である。牛肉やめました、なんていうマスコミ関係者もいたが、ぶっとばしてやりたくなった。

二頭目が出た十一月、名古屋で仕事があったついでに、焼肉屋を二軒はしごした。地元の人に紹介してもらった店に一人でおもむくと、関西にはほとんどない、豚のモツ専門の店だった。店のおばちゃんに聞くと、名古屋では豚専門の店はそんなに珍しくないとのこと。「狂牛病、うちも影響あるんですよ」と嘆いていた。へー、豚まで警戒されてんのか、けしからん話やなあと思いながら、内臓各種をそれこそ豚のようにむさぼっていたら、壁の張り紙が目にとまった。

「当店は牛肉を一切使用しておりません」

ごていねいに「牛肉」に赤線が引いてある。牛と豚、種類は違うとはいえ、同じ焼肉屋だったら助け合うのがスジではないか。それを「うちは違います」とは何事だ。焼店のオヤジも呑気《のんき》に松方弘樹主演の刑事ドラマなんか見てる場合じゃねえだろ（これは八つ当たり）。あまり美味しくなかったこともあって、すぐに店を出た。

腹の虫を抑えるべく、和牛の焼肉屋に入った。夜七時だというのに、客はだれもいない。内臓各種がそろったホルモンセットを食べながら、六十代とおぼしき店の主に話を聞いた。大変ですねえ、と水を向けると「米屋も酒屋もみーんな影響してるよ」とおっしゃる。やっぱり焼肉は、酒とごはんがつきものだったんですね。食べていると、店内にあるテレビで、愛知県内で肉骨粉の処理に困っているというニュースが流れた。

「うなぎのエサにすりゃあいいんだよ。もう何を やっても遅いよ」

主人はほとんどやけっぱちである。一人前を頼んだが、三分の二ぐらい食べたら苦しくなってきた。レバーがうまかった。豚を控えめにしときゃよかった。

奉行、ついに立ち上がる!

二章で取材した大阪・堺市の焼肉屋「ふしはら」にも顔を出してみた。愛想のいい奥さんは、苦境にもかかわらず、笑顔をたやさない。この騒ぎで悲しいことも、うれしいこともあったという。

「身内に不幸があったこともあって、一週間ほど休業してたんですよ。店開けてもお客さんが来てくれるとも限らへんし。そしたら『店、やめんといてや』って電話してくれるお客さんもいてうれしかった。『店に来たら閉まっとったけど、どないなっとるんや』と心配してくれる人もいました。学校給食で牛肉を出さなくなってから家族連れが減りましたねえ。この前、食肉センターの検査員の先生が家族連れで来てくれたんですよ。生物《なまもん》いっぱい頼んでくれました。『和牛なんか特に大丈夫なんですけどねえ』と言いながら食べてくれましたよ」

食肉センターの検査員が、大丈夫と太鼓判を押したうえで口にしているのだから間違いない。そういえば、初めて牛の脳と脊髄《せきずい》を食べたのもこの店だった。あのつるりとした逸品を、いつかまた口にできるのだろうか。

内臓を扱う業者には、どんな影響が出ているのだろう。滋賀の大津と畜場で内臓、精肉を仕入れている岡田食品の谷川勝義さんに話を聞いた。谷川さんは京都市内の店舗で、内臓と精肉の小売業を営んでおられるほか、焼肉屋にもそれらを卸している。

「その日割った（屠畜《とちく》した）牛の内臓は、これまではその日に店に持って帰ってました。今は検査の関係で翌日渡しになってるんですよ。一日遅れると、鮮度が大事なレバー、センマイ、腸類は影響あるね。精肉はそうでもないけど、内臓はこたえる。店の売り上げは、ふだんの三分の一かなあ。まあ、売れへんから仕入れも少ない。その分、売り上げも少ないからバランスがとれてる（笑）。そやけど人件費は要るやろ。お客さん来えへんからいうて、リストラできひん。人情的にね。まあ、パートの人ひとりは今、断ってるねんけど。大津の屠場で感染牛が見つかったら、ほかの仕事を探さなしゃあないな」

売り上げが三分の一、という数字がいかに大打撃であるか、自分の給料、稼ぎが七割減になったことを想像してほしい。まずほとんどの人は、それなりの貯蓄がなければ食べていけないはずだ。

日本が誇る焼肉タウン、大阪市内にある鶴橋はどうなっているのか。

一頭目が出て約三週間後に訪ねてみた。週末は店の外にまで客が並ぶのに、どの店をのぞいてもガラガラである。ＪＲ鶴橋駅から歩いて数分。ひときわ目立つ焼肉ビル、「ラッキー園」の入り口の自動ドアには、検疫所の「安全宣言」が拡大コピーして貼《は》られていた。三階の宴会場を含めて八十人が収容できる店内の一階では、老夫婦一組だけが焼肉をつついていた。経営者の大城成治さんが嘆く。

「以前よりお客さんは九割ぐらい減ってる。九月十一日にニューヨークで同時テロがありましたやろ。ほなら、狂牛病の報道が隠れてしもた。でも、段々、テロ報道も減ってきて、九月二十日ぐらいに学校給食で牛肉をやめたという報道があったんですわ。それからガタ減りですわ。今は、はっきり言うて開店休業ですわ。やらんほうがまし。それやのうても不景気でっしゃろ。小泉首相になって景気ようなると思たら、反対に悪なってしもた。北海道の牛肉を使《こ》たレトルト食品会社の社長が自殺したというニュースを見たけど、その人の気持ち、わからんことない」

客が九割減というのは、いかにもひどい。「やらんほうがまし」と語る大城さんだが、それでも開店しているのは商売人の意地であろう。食べ物の取材には万難を排して付いてくる嫁はんと私は、少しでも焼肉業界に貢献すべく、ホルモンの数々を頼んで食べた。

「ホルモンが好きなんですか？」

大城さんに聞かれ、戸惑うホルモン奉行。いや、ホルモンの取材をずっと続けてますから、ほとんど仕事ですねん、と説明する。そうでっか、と言いながら、大城さんは霜降りの上ロースをサービスしてくれた。こんな状況でサービスしてる場合とちゃいまっせ、と思いながら平らげる。おおきに、すんませんなあ。

大阪市内のとある部落でホルモン、サイボシを軽トラックで行商しているおばちゃんに話を聞くべく、いつもの場所に行ったら、姿が見えない。どないしてはるんやろ? 心配になって自宅に電話してみた。

「あー、兄ちゃんか。行商は一週間ほど行てないんや。屠場で牛を割ってないから、商品もあらへんし、持って行たて売れへんねやんか。することないから寝たり起きたりしてるねん。兄ちゃん、うちのムラ、狂牛病があってから、ひっくり返ってるねんで。えらいことやで。なんかええアルバイトないか? なんでもかまへん。歳《とし》いてるけど、免許あるから車で配達できるで。六十八では誰も使《つこ》てくれへんかな。で、兄ちゃん、なんか買《こ》うてくれるんか。電話、ありがとやで。ほな、ごめんな(ガチャン)」

商魂たくましいおばちゃんは、商売の電話ではないとわかると、わが地域と生業《なりわい》の窮状を訴えると、すぐに電話を切ったのであった。

当人たちには何の過失もないにもかかわらず、牛肉に関係するあらゆる職種がその憂《う》き目に遭っている。ホルモン奉行も食ってるだけでは面目ない。不安ばかりを煽るマスコミ、惑わされる消費者……。誰かが私を呼んでいる。奉行は立ち上がった。あ、誰も呼んでないか。

元凶は行政の怠慢

狂牛病――。なんともおどろおどろしい名称である。正確には「牛海綿状脳症」(Bovine Spongiform Encephalopathy)という。別に牛が狂ってるわけではないので、ここではBSEと表記することにする。

この病気にかかった牛は、脳がスポンジ状態になり、立つこともできなくなり、やがて死に至る。プリオンと呼ばれるタンパク質が病原体といわれている。通常、細菌などは高熱や冷凍することで死滅するが、プリオンは、三十分間煮沸しても二カ月間冷凍保存しても、ホルマリン、フェノール、クロロホルムなどの強力な薬剤で処理しても生き延びる。精密フィルターを通り抜け、毎分四万回転の遠心分離機にかけても分離されないほど小さい。乾燥した脳の中で二年以上生きているし、紫外線照射にも強いという、とてもやっかいで困った野郎なのだ。こいつを分解するには、百三十三度以上の熱で、三気圧、二十分以上加圧するしかない。

「O‐157のときは加熱したらよかったから、今回に比べたら大したことない。今度ばかりはそうはいかん」

食肉業界に入って半世紀の岡田食品、谷川さんもBSEの手ごわさを強調する。まさに煮ても焼いても食えない存在なのだ。

このBSE、二百年も前から英国で似たような病気が羊や山羊にあった（スクレイピー）。これにかかった羊を原料にしてエサをつくり、牛に食べさせていたことから牛にも感染したとされる。もっとも、BSEはいまだ解明されていない部分が多く、牛独自でプリオンが発生するという説もあるのだが。日本大学の早川治助教授によれば、BSEが問題になりはじめたころ、アメリカの研究者のなかには真顔で「これは宇宙から来た病気だ」という者もいたという。

BSEに感染し、死亡した牛をさらにエサ（肉骨粉）にして食べさせたことから連鎖的にBSEが広がった。八〇年ごろのオイルショックで肉骨粉の製造時に加熱温度を低くしたこともプリオンを温存させることになった。現在は、英国で約十八万五千頭、アイルランドで約千六百頭、ポルトガルとフランスで約千頭、スペインで約八百頭、スイスで約五百頭、ドイツで約四百頭が確認されている。二十五カ国で発生し、そのほとんどはヨーロッパである。日本では三十六頭、日本の輸入肉の約半数を占めていた米国で二頭が見つかっている（一〇年三月現在）。

BSEにかかった牛の特定の部位やその加工品を人間が食べると、きわめてまれに変異型クロイツフェルト・ヤコブ病（variant Creutzfeldt-Jakob Disease 以下、変異型ヤコブ病）にかかる可能性があることを、英国政府は発表した。九六年のことである。変異型ヤコブ病とは、脳に空洞ができ、歩行困難、痴呆《ちほう》症状を引きおこし、死に至らしめる病である。英国では百人以上が死亡している。

ここでこの病をもたらしたBSEに関する国内外の動きを簡単に振り返っておこう。

八六年十一月　英国でBSEに感染した牛を初確認

八八年七月　英国が牛の内臓を使用した飼料を反芻《はんすう》動物に与えることを禁止（自国産の肉骨粉は九六年まで各国に輸出）

九六年三月　BSEがヒトに感染する可能性があることを英国政府が発表
北海道でBSEが初確認された問題の牛が生まれる
英国からの肉骨粉輸入を禁止

四月　農水省が牛への肉骨粉の使用自粛を行政指導

〇一年一月　EU（欧州連合）からの牛肉、肉骨粉などを全面輸入禁止

　　九月　千葉県白井市でBSEに感染した牛を初確認。同年にほか二頭を確認
○二年　北海道、神奈川で二頭を確認
○三年　和歌山、北海道、茨城、広島で四頭を確認
　　十二月　米国でBSEに感染した牛を初確認。日本政府が輸入禁止措置
○四年　神奈川、北海道、熊本、奈良で五頭を確認
○五年二月　厚労省が英国に一カ月の滞在歴がある五十代の日本人男性が変異型ヤコブ病によって死去と発表
　　この年に北海道で計七頭を確認
　　十二月　米国産牛肉の輸入再開
○六年一月　米国産牛肉に特定危険部位が混入。輸入を禁止。八月に再開
　　この年に北海道、長崎、岡山で計十頭を確認
○七年　北海道で三頭を確認
○八年　北海道で一頭を確認
○九年　北海道で一頭（三十六頭目）を確認
感染牛は、ほとんどが乳牛で、肉骨粉の使用禁止後に生まれた牛もあった。

ＢＳＥ騒動の元凶が、農水省の対応のまずさにあることは言をまたない。日本で発生する危険性は少ない、と甘くみていたこと、ＥＵが「日本はＢＳＥの準汚染国」と公表しようとしたことに対して、これを握りつぶそうとしたこと、千葉県で偶然見つかった感染牛が肉骨粉に加工されていた事実を、「焼却処分した」と虚偽の発表をしたこと……。よくもまあこれだけ失態を重ねられるものだと思う。農水省への信頼、なんてものがあったのかどうかは知らないが、地に墜《お》ちたことだけは確かだ。政府は数千億円の予算を組み、対応に追われたが、肉骨粉の輸入を禁止さえしていたらこんなことにはならなかった。すべて後の祭りである。

日本人の感染リスク

もとは英国とはいえ、日本のＢＳＥは農水省にも問題があったことを確認したうえで、私たちが変異型ヤコブ病にかかるリスクを考えたい。

日本で一頭目が出た直後から、私はＢＳＥ及び変異型ヤコブ病に関する情報を収集しはじめた（恥ずかしい話だが、私にとってもＢＳＥ問題は「海の向こうの出来事」だった）。様々な情報が飛び交う中で、神経内科医の池田正行氏のホームページが最も充実していた。池田医師は、一カ月に三千頭、年間四万頭弱のＢＳＥ感染牛を出した九二年を含む二年間を英国・スコットランドで留学生活を送っていた。ご自身も当地で牛肉を食べ続けてきただけに、BSE問題は他人事ではなかった。在留英国邦人向けのホームページをつくり、BSEに関する情報を流しつづけた。『食のリスクを問いなおす』(ちくま新書、二〇〇二年八月)に、私たちが変異型ヤコブ病にかかるリスクについて触れているので、少し長いが引用したい。

「人口五七〇〇万人の英国では、これまでに約一八万頭のBSEが発生している。一方英国でのvCJD(変異型ヤコブ病=筆者註)の患者数は、二〇〇二年三月末の時点で一一七人だが、vCJDの潜伏期間を二〇年以上とした悲観的なシナリオで、最大限数千人と言われている。三〇〇トンと推定される日本への肉骨粉の輸入量と、肉骨粉の使用量が日本より二桁多い(三万トン以上)フランスをはじめとした欧州諸国でのBSE発生が、最大限数百頭であることから考えて、日本でのBSE頭数は多くても一〇〇頭未満にとどまるだろう。

これは私だけの独断ではなく、東京大学大学院農業生命科学研究所の吉川泰弘教授は、感染症論の立場から、今後のわが国のBSE感染牛の発生頭数は、二〇~二六頭程度としている。これらの数字から、人口一億二七〇〇万人の日本で、vCJDの患者数は最も悲観的なシナリオでも、六となる。vCJDの潜伏期間が一〇年として、その一〇年間の一億二七〇〇万人中の六人というのは、どんな数だろうか。それは一九九二年から二〇〇二年までの日本の歴代総理の人数、八人よりも少ない。つまり、あなたがvCJDに罹る確率は、どんなに悲観的に考えても、総理大臣になれる確率よりも低いことになる」

「日本でのBSEの発生が一〇〇頭になったとして、人口一億二七〇〇万の日本全体で六人の死者しか出ない計算である。一方、WHOによれば、タバコは年間九万五〇〇〇人もの日本人を殺している。（中略）同じくWHOの試算によると、前記の九万五〇〇〇人中、受動喫煙による死亡者数は、二万人から三万人に達する。


端的に表現すると、禁煙席のないレストランで、BSEを恐れて野菜サラダを食べる方が、全席禁煙のレストランでビフテキを食べるよりも、生命の危険は、数百倍、数千倍も高いことになる」

これを読むと、日本人が変異型ヤコブ病にかかる確率が、いかに低いかがわかる。

もっとも池田医師の予測（欧州諸国のBSE発生頭数は最大限数百頭）と東大の吉川氏の予測（日本は二〇〜二六頭）は、大幅にはずれてしまった。アイルランド、ポルトガル、フランスは千頭を超えているし、日本は三十六頭も発生している（二〇一〇年三月現在)。それでも後に詳しく見ていくが、食文化などから分析しても、日本人の罹患率《りかん》が低いことに変わりはない。

たとえBSEによる被害者が少なかったとしても、問題がないわけではない。だが、私は言いたい。交通事故の死者は毎年一万人前後である。だからといって、車の生産をやめようとは誰も言わない。ところがBSEの問題となると、扇情的な報道が繰り返され、消費者は牛肉を買い控えた。これはどう考えても理屈に合わない。断っておくが、池田医師も私も食肉業界の人間ではない。冷静に考えると、この騒ぎはどう考えてもおかしいと言いたいのである。

リスクが低い理由は他にもある。

六章、世界の巻でも指摘したように、BSEの感染牛が多発したヨーロッパと日本では食文化がまるで違う。大阪あべの辻調理師専門学校の西洋料理担当の木下幸治先生によれば、かつてフランスではスーパーで牛の脳が売られていたというし、先生が八九年に入院したとき、病院食で脳の料理が出てきたことも述べた。一九七八年から八九年まで、延べにして六年、フランスに滞在された先生は、ご健在である。

変異型ヤコブ病にかかりやすい危険部位は、脳、扁桃《へんとう》、眼球、脊髄《せきずい》、背根神経節(背骨の中にある物質)、回腸遠位部(小腸の先端の約一メートル)である。EU科学運営委員会によると、全感染力に占める割合は、脳が六六・七%、脊髄が二五・六%、背根神経節が三・八%、回腸遠位部が三・三%、眼球が〇・〇四%である。要するに、危険部位は脳と脊髄がそのほとんどを占めているということである(ただし、二〇〇四年に危険部位以外の食用となる筋肉組織から、微量のプリオンが検出されている)。

変異型ヤコブ病の感染原因として注視されているのが、MRM(Mechanically Recovered Meat)である。機械的に回収されたくず肉で、牛の解体作業をする際、脊髄などは取り外すのに手間がかかる。そこで一括して機械で粉砕処理し、骨片と肉粉にふるいわける。ペースト状になった肉粉、MRMが、ハンバーガーやミートパイ、ソーセージ、ホットドッグ、さらには赤ちゃんの離乳食に使用されていた。ヨーロッパ諸国では、これらの食べ物がよく食されているため生産されていたが、日本では製造されてもいないし、輸入もされていない。

BSEに感染した牛の脳〇・一グラムを牛に与えると、BSEを発病する。英国のハンバーガーには、一個あたり約二グラムの牛の脳や脊髄が含まれていたという。このMRMが、英国では年間五〇〇〇トンが生産され、ドイツでは二〇〇〇年十月に禁止されるまで、食肉加工食品の一四%に使用されていた。食生活やその背景にあるくず肉の利用などを考えると、日本人が変異型ヤコブ病にかかる確率は、ヨーロッパに比べると、ぐんと低くなる。

池田医師は前出の著書で次のように述べている。

「英国での実際の発生頭数や、機械的回収肉（MRM）と呼ばれる、脳脊髄混入の危険性が高い処理方法が英国で採用されていた事実を考えあわせると、英国在住経験のない日本人にBSEを原因としたvCJD患者が発生する確率は、実質的にゼロに等しい。（中略）つまり、vCJDの原因となるのは、MRMのような危険な部位を高濃度に含んだ食品なのであって、BSEの頭数に比例するのではない」

変異型ヤコブ病にかかるか、かからないかは、くず肉の使用、不使用が分水嶺《ぶんすいれい》になっているということである。それらを考えると、日本人の変異型ヤコブ病にかかる率は低いと言わざるを得ない。

マスコミは大騒ぎ

BSE感染牛が出た直後、日本のマスコミの関心は第一号患者が「どこの誰か」に集中した。

一頭目の発生が報じられてからわずか一カ月余りの二〇〇一年十月十七日、首都圏の病院に入院している十代の女性が変異型ヤコブ病にかかっている可能性がある、と報道された。足のふらつきや記憶障害、痴呆症状などの症状を示している、というのがその理由だった。「確実な診断にはあと三ヶ月が必要」と書いてあるものの、スポーツ新聞は一面トップでデカデカと報じた（後に変異型ヤコブ病ではないことが判明した）。

私は報道されたときから、問題の女性が変異型ヤコブ病ではないと確信していた。なぜなら、ＢＳＥの感染牛がたった一頭だけ見つかった段階で、確率からいって、そんなにすぐに患者が出るはずがないからである。

ちょうどそのころ、私は講談社の『週刊現代』編集部に立ち寄る機会があった。壁には「現在入院中　北海道・酪農家が『狂牛病』疑惑」という見出しが入ったポスターが貼《は》ってあった。編集幹部に「これ、絶対違いまっせ」と忠告すると、即座に次の答えが返ってきた。

「わかってるよ。本当にそうだったら、もっと大きくいってる（扱ってる）よ」

なんでもいいから〝旬のテーマ〟でページをつくらなければならないのが週刊誌の常識とはいえ、違うとわかっていたら記事にするの、やめときんかいな。違いまっか？

活字メディアの中で、最も扇情的にBSE及び変異型ヤコブ病の恐怖を煽《あお》り立てたのは雑誌、特に週刊誌である。以下は、私が買い集めた中で、BSE及び変異型ヤコブ病の恐怖を喧伝《けんでん》したタイトルである。

「戦慄スクープ　阪大病院を震撼《しんかん》させた『日本人狂牛病疑惑の患者第一号』（『週刊文春』10月18日号）

「激震スクープ　首都圏在住女性に『狂牛病発症』決定的！」（同10月25日号）

これらの報道は結局、すべて誤報だった。何がスクープなんでしょう。どこが決定的なんでしょう?

報道は「患者第一号」から牛肉や関連食品にまで広がっていく。

「『食べてはいけない』狂牛病　牛骨入り意外な食品」（『週刊文春』10月4日号）

「あなたも絶対食べている!?　牛エキス　気になる食品名」（『週刊朝日』10月12日号）

「戦慄スクープ　狂牛病　疑惑の牛たちは食肉で消えた！」（『女性セブン』10月18日号）

「狂牛病の兆候、あなたは大丈夫か　『しびれ』と『度忘れ』」（『AERA』10月29日号）

「緊急徹底取材　恐怖　都中央卸売市場で発覚　すでに狂牛病が食卓に　『食べた……かも』」（『週刊女性』10月30日号）

変異型ヤコブ病で死亡した英国の若者を取り上げ、恐怖を煽る記事もある。

「狂牛病で悶死した息子　(二〇)　の地獄」（『女性セブン』10月25日号）

「あなたはもう狂牛病かもしれない」（『新潮45』11月号）

『新潮45』の記事のリードには次のように書かれている。

「物忘れがひどく、気分が滅入りはじめる……誰にでもありそうなこの自覚症状こそ、狂牛病の初期症状なのだ」

物忘れが激しい、気が滅入る……そんなもん、ほんまに誰でもあるがな。特にわしなんか毎日や、とホルモン奉行はつぶやいていた。それにタイトルもおかしい。人間は狂牛病にはかからない。かかるのは変異型ヤコブ病である。

二頭目の感染牛が出てからも「恐怖報道」は続く。

「パニック　やっぱり出た『狂牛病2』食べてはいけない全情報　安全宣言は　大ウソだった」（『週刊現代』12月8日号）

「感染牛2頭目発覚でパニック再燃！　『すでに胃の中に』の恐怖！」（『女性自身』12月11日号）

パニックになってるのはマスコミではないのか。あるいはパニック状態を作り出しているのではないか。こういうのをマッチポンプという。

「疑惑の牛たちは食肉で消えた！」と「戦慄スクープ」を放った『女性セブン』は、12月6日号で「やっぱ豚肉でしょ」を特集した。「キレイになるし、ダイエットにもいい」らしい。豚肉で何か問題が発生したら、今度は「やっぱ鶏肉でしょ」とかやるんでしょうか？

どの記事もＢＳＥと変異型ヤコブ病の恐ろしさを強調しているが、リスクについては一切触れていない。農水省の失態や理性的な対応を伝える報道もあるにはあったが、圧倒的に恐怖を煽る雑誌が多かった。ヨーロッパにおける感染牛と患者、死者数が公開され、変異型ヤコブ病に罹患するリスクを冷静に考えるデータはあったのに、である。

怒れる食肉関係業者たち

牛肉の買い控えが広がった十月後半、食肉関係業者の怒りは頂点に達していた。大阪・鶴橋で焼肉屋を営む男性は、「十代女性　狂牛病　日本で初感染患者か」と一面トップで報じたスポーツ紙の編集部に電話で抗議した。

「関連性もまだ確定してないのにどういうことや、と。どんだけ私らが苦しんでるかわかってるんか、と言うた。そしたらさっそく編集幹部三人が店に飛んで来ましたわ。『初感染患者か』と書いてあるけど『か』が見えませんがなと。店をやめるかやめへんかという時に、こんな報道はうちにとっては死活問題や。新聞売るために証拠もないのに迂闊《うかつ》に書くもん違うと。向こうは『お宅の言うとおりです』と平謝りしとった。ええ、焼肉は食べて帰りましたけどね」

これら一連の報道で、マスコミには抗議が殺到した。私が直接・間接に知っているだけでも五、六人がテレビ局、出版社に抗議している。某スポーツ紙の見出し・レイアウトを担当する記者は証言する。

「今年（二〇〇一年）は近鉄バファローズが強かったんですが、紙面では『強牛』という見出しはやめとこうという話になってました。音的に『狂牛』と重なるから。抗議が殺到したので牛関係は過敏になってましたねえ」

それは過剰反応。そんなに過敏になるんだったら、最初から記事や見出しの中身を考えとくんなはれ。

兵庫県加古川市で肉牛を肥育しながら牛肉の卸し、小売りも手掛ける中尾政国さんは、ＢＳＥ報道の言葉ひとつにも神経をとがらせる。

「危険部位に関して『小腸の一部』という表現はやめてほしいんや。回腸の遠位部ってきちんと言うてほしい。でないと消費者は小腸全部が危ないと思う。ひどい場合だと『腸の一部』という言い方をする。そしたら大腸も小腸もみな腸になってしまう。やっぱり正確に表現してもらわないと困るんですよ」

実際、内臓全部が危ない、と思っている消費者がいた。私が入った加古川市内の焼肉屋で、おばちゃんが嘆いていた。ある日、若い男性がレバーを頼んだら、その母親が「内臓は危ないからやめとき」とキャンセルしたというのだ。母親は内臓すべてが危険部位と思っていた。みそもくそも一緒。だからこそより正確な表現が求められる。

二〇〇二年一月、私は鳥取県米子市で七十代の医師と会食する機会があった。会話の中でBSEの話題が出た。医師は「牛タンは食べたらだめですよ」と私に忠告してくれた。どうやら牛タンを危険部位と信じて疑わない様子だった。もちろん、危険部位ではない。

「どこからそんな情報を入れてんねん!」

私は心の中でツッコミを入れていた。敬老精神があるから言わなかったけど……。

食肉関係者は、どの人も、といってもいいくらい、BSEにかかった英国の牛の映像を繰り返し流したテレビ局に怒っていた。私自身も、もうかれこれ十回以上は見た。

見たら怖いと思う。映像は視覚で訴えるだけに、使い方によっては活字メディアより恐ろしい。しかも視聴者の数からいって影響力が格段に違う。

兵庫県加古川市で牛肉卸業を営む福本敏之さんは、食肉センターがある地元でさえ牛肉に対する不安があるという。

「この間、ある人と話してたら『わし、肉食いたいねんけどなあ。でもテレビであないして報道しよるやろ……』と言うから『ほな何かいな、わしらを信用せんとテレビを信用しとんのかいな』と言い返したんや。まあ地元でもそんなもんやわ」

ＢＳＥ問題は、農水省が原因をつくり、マスコミが騒ぎを大きくし、それに消費者が振り回された、と私は思う。

肉骨粉とＢＳＥ

今回の騒ぎで、まず問題になったのは輸入肉骨粉である。食肉業界の人でさえ、この存在を知っている人は少数だった。表現のひとつにもこだわる肥育農家の中尾政国さんに、肉牛をどのように育てているのかを、あらためて聞きに行った。

「酪農家は乳牛を、肥育農家は肉牛を育ててますよね。乳牛を育てるには乳質をようせんとあかんので栄養価のあるエサを与えるわけです。われわれ肥育農家は、霜降りに代表される良質な肉をつくるために、あえてカルシウムやビタミンなんかの成分を抑えたエサを与えるんですわ。例えばビタミンを制限しないと脂肪が肉の中に残らない。霜降りというのは、脂肪がうまい具合に入らないとあかんわけやから。草を食べて動き回ってる牛は健康やけど、肉は固いし、肉色も濃い。そうすると高い値では売れないわけです。

僕らはいい肉牛を育てるために、トウモロコシ何%、大豆かす何%という具合にエサ屋に割合を指定してる。僕の知ってる農家は、グラム単位でビタミンの量を計って一頭、一頭にエサをやってる。少なくとも肥育農家は、頼まれても肉骨粉なんか食わせへん。圧倒的にそういう肥育農家が多いんです。うちで育てた肉を食べて病気にかかったら、一生世話します。病院代も賠償金も全部払います」

日本で見つかったＢＳＥに感染した牛は、ほとんどが乳牛である。中尾さんが、肉牛には頼まれても肉骨粉を与えない、というのは充分うなずける話だ。

ではなぜ、酪農家は肉骨粉を使うようになったのか。この疑問を解くため、私は日本大学生物資源科学部の早川治助教授の研究室を訪ねた。先生にお会いするのは二回目で、以前に、関東と関西の食肉文化の違いなどについてインタビューさせていただいた。

早川先生は日本でBSE感染牛が初確認される十年ほど前の九〇年代初頭に、食肉関係業者、行政を対象にした講演で、日本でもBSEが広がる可能性があることを警告している。学識者の講演に農水省幹部が「その問題には触れないでほしい」と「圧力をかけた」と一部マスコミが報じたが、その学識者とは早川先生のことである。当時の聴衆には危機感はまったくなかったという。

——肉骨粉の基本的なことから教えてください。

「肉骨粉をつくっている化成業者は、国内に九十五社、百四十一工場あります(〇一年現在)。くず肉や骨、内臓は年間一六〇万トン発生します。原料割合は鶏が四四%、豚が三七%、牛が一九%です。で、一六〇万トンから四〇万トンの肉骨粉ができる。このうちの三〇万トンが家畜のエサ、残りの一〇万トンが肥料に使われます」

——なるほど、牛でつくった肉骨粉は二割なんですね。

「牛は生体の五割が肉ですが、残りの五割が内臓と骨、脂《あぶら》、皮です。それらがレンダリングと呼ばれる化成処理業者にまわる。そこで内臓と骨、脂、皮から脂分を絞り取る。脂はせっけんなどに利用されるわけですが、その絞りカスが肉骨粉になるわけです。少なくとも昭和四十年代には国内の飼料にも添加されていたようです」

——BSEが発生した英国では肉骨粉がどのように利用されていたんですか。

「酪農家で子牛が生まれますと、母牛の乳は商品として売らなくちゃいけないので、子牛には初乳だけですませて、すぐ人工乳を与える。その中に肉骨粉を入れてたんですね。ミネラル分が豊富に入ってるから、栄養・成長促進などの効果が認められていた。イギリスでBSEに感染した牛の八〇％がホルスタイン（乳牛）でした」

——私が取材した和牛の肥育農家は、栄養を与え過ぎると霜降りの肉にならないし、肉色が悪くなるので肉骨粉は絶対に与えない、と言っていましたが。

「全部が全部、そうじゃない。与えない肥育農家が多いと思いますが、成長促進で与える人も中にはいます」

——ではなぜ、日本に肉骨粉が入ってきたのですか。

「国産の肉骨粉だけでは足りなかったんですよ。飼料としては他に魚かす、大豆かすなどがあるんですが、いずれも単価が高い。魚かすは魚の漁獲量が減少しているうえに不安定。それに魚かすを与えると豚や鶏の肉に臭みが残るんですよ。豚の脂が黄色くなるという難点もあった。肉骨粉だとそれらの問題が解決できる。しかも安い。だから輸入していたわけです。加えて九〇年代半ば以降、業界ではサルモネラ菌（病原性の腸内菌）対策に相当神経を使ってた。その結果、BSE対策がエアポケットになっていたわけです」

——なるほど。では国産の肉骨粉だけを与えてたら、こういう事態にはならなかったんですか？

「BSEは発生しなかったでしょうね。イギリスの汚染された肉骨粉が、なんらかのルートで上陸したわけです。もちろん、農水省も厚生省も、肉骨粉が日本に入ってこないよう完璧な防御体制をとるべきだった。日本は島国だからできるんです。現に、台湾で口蹄疫《こうていえき》（ウイルスの伝染により牛、豚、羊などの動物の口腔《こうくう》などに水疱《すいほう》を生じる病気）が発生したときは日本はきちんと対応してるんです」

英国政府が九六年三月にBSEに感染した牛の肉を食べると変異型ヤコブ病に罹患する可能性があることを公表すると、農水省はその翌日、日本は英国からの牛肉や生体を輸入していないことを理由に「狂牛病に関して、日本の牛肉に心配はない」との談話を発表した（『読売新聞』九六年三月二十二日付）。その一方で、英国産の牛肉加工品、肉骨粉など、これまで輸入可能であったものを輸入禁止にした。しかし結果的には、すでに遅かった。「心配はない」と啖呵《たんか》をきったものの、農水省は前言を翻《ひるがえ》し、対応に追われることになる。

食肉センターの検査態勢

千葉県内でBSEに感染した一頭目の牛が見つかってから約一カ月後の二〇〇一年十月十八日。全国各地の食肉センターで全頭検査が始まった。BSEの病原菌とされるプリオンは、牛の体内で三十カ月を過ぎてから増殖する。ヨーロッパなどでは三十カ月以上の牛を調査対象にしているが、日本ではより厳しく、三十カ月未満の牛も対象に入れた。

全頭検査の開始から約二週間後の十一月初め。私は兵庫県にある加古川食肉センターを見学させてもらった。以前に取材でこの近くの食肉工場で働かせてもらったことがあり、その時、食肉センターにも出入りしていたが、お世辞にもきれいな施設とはいえなかった。現在はリニューアルされ、近代的な設備に生まれ変わっていた。二階には見学室があって、場内を見渡しながら、兵庫県食肉衛生検査センターの山下實所長の話を聞いた。

「牛をフックにかけて逆さづりにして頭を落とす前に、プリオンがもっとも溜《た》まりやすい延髄を抜き取って検査します。千頭に何頭かは疑陽性、つまりBSEの疑いがある牛が出るんですが、ここでは今まで一頭もありません。ほら、今から取り出しますよ」

白衣を着た獣医が、細い金属の棒で延髄を取り出している。約一分かかって取り出した延髄を、もう一人の獣医がトレーに乗せて検査室に運び込む。全頭検査だから一頭でもはぶくわけにはいかない。

逆さづりの牛は頭、内臓が取られ、電動のこぎりで真っ二つに分けられる。背割りである。この作業、背骨の中に危険部位の脊髄《せきずい》があるので手抜かりがあってはならない。

「脊髄はきれいに取れます。もともと粘着質だし、のこぎりでぐちゃぐちゃになることはありません」

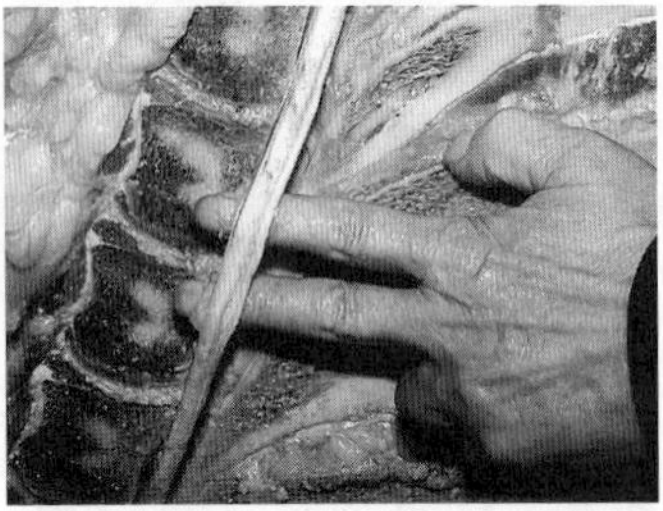

背割りされ、残った脊髄。けっこう丈夫で、指でひっぱっても簡単にはちぎれない

山下所長が断言した。

背割りするときは、脊髄のある部分はずらして電動のこぎりの歯を入れる。指で少しほじくると、二メートルはゆうにある、ひも状の脊髄が、ものの数秒できれいにひきはがされる。メディアでは「飛び散る」などと表現されていたが、現場で見るとまったくの見当違いであることがわかる。

内臓は白物（胃、腸など）、赤物（心臓、レバーなど）に分けられ、ベルトコンベヤーで別の部屋に流されていく。

「回腸の遠位部は、関西ではヒモと呼ばれてます。危険部位はその一部です。これまで食べてきたので、ほかす（捨てる）のは抵抗がありますが、全部捨ててます。持って帰ったりしておかしなことをしてたら信用問題になりますから」

すんませんが、ちょっとみやげに、というわけにはいかないのだ。

半身になった枝肉は、七五度の温湯と常温のシャワーで二度、殺菌処理される。まさに念には念を入れて、である。あらためて場内を見渡せば、そこかしこに白衣を着た獣医の姿が見える。常時七、八人の獣医が目を光らせている。

「万が一、感染した牛が出たらたまりませんねえ」

ひととおり見終えて私が問うと、山下所長は事もなげに言った。

「そりゃあ、一〇〇％出ないとは言えませんからねえ。でも出たらしゃあないですわ。そのときは焼却します。だから市場に出回ることは絶対にないです」

実にわかりやすい話である。ＢＳＥに感染した牛が見つかることは、一〇〇％ないとは言い切れない。ただ、一〇〇％言えることは、その肉や加工品が消費者の口に入ることはない、ということである。

この食肉センターには病気にかかった牛や部位を焼却する施設がある。ＢＳＥ問題が発生してから、毎日フル回転で危険部位を焼却している。見学に行くと、ちょうど

食肉センター内にある焼却施設

おばちゃんが、八〇〇度を超える焼却炉の中に、牛の頭部をほうり込んでいるところだった。

「なに、取材？　牛肉、食べても大丈夫やて書いといてよ」

わかってまんがな。この目で確かめてまんねや。焼却した後の灰は、市の焼却施設でもう一度焼くという。そこまでしなくても……というくらい、念には念を、である。

食肉センターを見学して思った。そこまでやるか、というくらい神経をとがらせてBSE対策をやっている。これは安心して食べられる。よし、昼は焼肉や。牛肉を食べることに不安がある人は、近くの食肉センターに行くべし。

この食肉センターに、危険部位の脊髄を長年食べ続けているおじいちゃんがおられるというので会いに行った。齢《よわい》七十六にして、現役の倉庫管理人。それだけでもすごい。人が少なくなった事務所で、それとなく聞いてみた。

「二十年ほど前から、便秘にええから、腹の調子が悪いときに食べとった。週に一回くらいかな。たしかに便の出はようなるんや。味付けはしょうゆで。まあ薬みたいなもんや」

今、問題になってますが怖くないですか？　と恐る恐るたずねると、「別に」という答え。何をそんなに騒いでるねん、というような表情なのである。

プリオンが人間の体内に入って発症するまでの潜伏期間は、十年前後といわれる。年齢（若い人ほど発症しやすいといわれる）や体質（遺伝子）によってすべての人が感染するわけではないが、二十年にわたって食べ続けてきたこの人が、なぜぴんぴんしているのか、不思議といえば不思議である。

それでも、ワシらはホルモンを食う

そういえば、毎日ホルモンを食べないと元気が出ないという兵庫・姫路の平山富幸さんとヤーさんはどうしているのだろう。一頭目のBSE感染牛が見つかった直後に平山さんに連絡をとると「毎日、鶏肉《かしわ》と豚肉ばっかり食べとるんや」と嘆いていた。

しばらくたって姫路の屠場《とじょう》の様子をきちんと聞いておこうと思い、平山さんの携帯電話に連絡をとろうとしたが、出ない。一週間ほど毎日かけたが、つながらない。なにせ生まれてから半世紀以上もホルモンを食べ続けてきたのだから、ひょっとして変異型ヤコブ病にかかって既に入院しているのかも、と心配になってきた。後に、経営している建設会社のゴタゴタで、取材どころではないことを知ったのだが、連絡がつかないことはこれまでなかったので、「ええ人やったのになあ。ホルモンが好きなばっかりに……」と最悪のケースまで考えていた。

ようやく連絡が取れ、毎日ホルモンパーティーが開かれるヤーさん宅にうかがうと、二人仲良く鍋《なべ》をつついていた。見るとモツ鍋ではないか。「それ、どこで手に入れはったんですか？」と平山さんに聞くと「わしは仕入れて、余ったホルモンは真空パックして凍結してるんや。それを出してきて食べとるんや」と言う。一時は手に入りにくくなったものの、BSE騒ぎもなんのその、ホルモンパーティーは休むことなく毎日続けられていた。「まあ座りいや」と促され、モツ鍋をつつきながらの取材となった。

――地元の食肉センターの様子はどうですか。

平山　今は（屠畜は）豚が一日四十頭ほどだけや。牛はなし。手数料を職人七人で分けたら一人三千円くらいにしかならん。甥《おい》なんか暇やから飲むの繰り返しで、十月末（二〇〇一年）からこないなってもとる（手を震わせる）。食べてや。

――お二人は危険部位も含めて、これまでいっぱい食べてますよね。

平山　今、食べよるで。問題になってる回腸遠位部はな、包丁の背中で糞《ふん》を削《そ》ぎ落として沸騰した湯にドボンと放り込むと毎日でも食えるほどうまい。脊髄なんか分厚い紙を湿らせた上で焼いて食うたらどれだけうまいか。脳はな……

——いや、今日はホルモンの取材やないんですわ……。いろいろ騒がれてますが不安はないですか。

平山 あのな、わしら二人はいつでも実験台になったる。これまで通り、朝と晩食うたる。回腸だけでもわし、毎日食うよ。それで病気になって補償してくれというのとちゃうんや。飲んでるか？

ヤーさん 十四、五年前にこの近くでPCBが問題になったやろ。汚染で魚が食べられへん、寿司屋がつぶれる言うてたけど、今、大丈夫やがな。

——そう言われればそうですね。危険部位も含めて毎日食べてますが、健康ですよね。なんでですかね。

平山 野菜を食わへんからちゃうか。わしはな、狂牛病には免疫があるんや（笑）。角やん、食べてるか？ ぐいーといけ。

狂牛病には免疫があるって、そんなアホな……。野菜を食べないから健康というのも笑ってしまった。実際、ホルモニストたちは、妙に健康なのである。勧められるまま、その日も腹いっぱいモツ鍋を食べた。屠場で危険部位は取り除いてあるから心配はない。

ＢＳＥ騒ぎの渦中で、お二人がなぜ平気でホルモンを毎日食べ続けているのか。恐怖を煽るマスコミ報道を、少しも信じていないからである。実際、ヤーさんが言うように、ＰＣＢ問題の後、何もなかったかのように私たちは魚を食べている。寿司屋もつぶれていない。

実験台になったる、と豪語するホルモニストの話を聞き、私は壮大な実験に立ち会っているような気がした。いずれにしても、二人のホルモン人生は、何があってもまだ当分続きそうだ。

正確な情報知る努力を

現在流通している牛肉は、危険部位は取り除いてあるので安全である。とはいえ、日本で変異型ヤコブ病を発症するリスクがまったくないわけではない。今後の見通しについて、再び日本大学の早川治助教授にご登場願おう（取材は二〇〇二年三月におこなった）。

「農水省が肉骨粉の使用禁止の通達を出したのが九六年、二〇〇一年にようやく全面輸入禁止としました。牛がＢＳＥを発症するまで二年から八年の潜伏期間があります。

完全に輸入を禁止した二〇〇一年から最大の八年を経ると二〇〇九年になります。BSEに感染した不安がある牛が淘汰されるのは二〇〇九年なんですよ。人間が発症するまで、さらに十年の潜伏期間がありますから、二〇二〇年ごろまで発症例が出てくる可能性があります。ヨーロッパを参考にすると、あと一、二年で十頭くらい出てもおかしくない。とはいっても人間が発症する確率は低いですけどね」

残念ながら、早川先生の予測は当たってしまった。二〇〇三年四月から、病気や事故で死亡した二歳以上の死亡牛への全頭検査が始まった。BSEに感染した牛はこれからも見つかるだろうが、それでも人間の発症リスクは低い、というのが早川先生の見解だ。

悲観的な話ばかりではない。変異型ヤコブ病にかかりにくい遺伝子はわかっているので、それを取り出して治療に活用する研究も進められている。カリフォルニア大学サンフランシスコ校のグループが、プリオン遺伝子の配列の一部を組み換えることによって発病を抑えることができることをマウス実験で確認した。この技術を利用することによって、BSEにかかりにくい牛をつくることも可能だという（『朝日新聞』二〇〇二年九月二十四日付夕刊）。将来、遺伝子治療の発達で変異型ヤコブ病の治癒《ちゆ》も可能になるかもしれない。

日本人の食生活が変わるのか、はたまた輸入肉が今まで以上に増えるのか、私の疑問に、早川先生は次のように答えた。

「和牛の消費がいったん落ち込むのは避けられない問題なんだけども、肉用牛には肉骨粉を食べさせていないというアピールを、業界はもっと消費者にすべきですね。消費者は和牛も乳用牛も、みんな危ないと思い込んでるわけだから、少なくとも黒毛和牛はそんなことないんだよと。そうすると和牛は救われるかもしれないですね」

先生、そういう取り組みをしているところがすでにあるんですよ。私が見学させてもらった、加古川食肉センターの関連団体・加古川食肉産業協同組合がそうです。同組合は二〇〇二年十月二十五日、地元の小・中学校の校長や自治会、PTAのメンバーら約四十人に集まってもらい、食肉センターの検査態勢、食肉の安全性などについての説明会を開いた。組合メンバーから「地元の人や消費者とお互い顔を見合わせてじっくり話し合いたい」という声が出たことがきっかけだった。おそらく日本で初めての試みだろう。参加者は初めて聞く詳細な説明に、「今まで牛肉食べてきてるので、今さら食べるのやめてもしょうがない。これからも食べます」「ある程度は納得できたけど、不安も残る。でも専門のみなさんが言うてんねやから間違いないやろ」など、さまざまな意見・感想が出た。

消費者の疑問や不安をぶつけてもらうことが何より大切、という組合の姿勢を、私は高く評価する。食肉センターの見学も、二つ返事でＯＫだった。食肉センターの建て替え時に、場内全体を見渡せる見学室をつくったのも、開放的でいい。可能なかぎり現場を公開し、消費者と情報や意見を交換することが、今後ますます重要になってくる。考えてみれば、肉を提供する側と食べる側が顔を合わせる機会は、これまでほとんどなかった。

「この問題を機会に、和牛のよさや安全性を知ってもらいたいね。今回はつらい目に遭《お》うてるけど、逆にええチャンスやと思うわ」

ある食肉業者はそう語った。

ＢＳＥ騒ぎは、これまでにない逆境だった。だが、それをバネに新たな展開を、という意欲的な食肉業者に何人も接して、私は「よし、牛肉食ったるでー」と思ったのだった。

一方、消費者も牛肉の安全性を知る努力が必要だ。ＢＳＥ発生後、各地のＰＴＡは、自ら安全性を確かめることなく、マスコミが煽る情報を鵜呑《うの》みにし、牛肉を給食から締め出した。日本の消費者は、いつものように不確かな情報に右往左往しているだけで、いつまでたっても自立できない。

とはいえ、自分の目で確かめようとする消費者がいないことはない。農水省のBSE対策の一環として行われている「牛肉安心調査隊」は、消費者が生産農場やBSE検査所、食肉センター、食肉小売店などを見学する、これまでになかった取り組みだ。全農県本部などが実施主体となって二十道県で実施されている。消費者の関心が高いため、各道県とも二、三カ月に数回、行われているという。

例えば二〇〇二年三月二十五日にJA全農みえ主催で行われた調査隊ツアーには、約百人の消費者が参加した。肉牛肥育農家、松阪食肉公社を見学した後、県畜産課、食肉衛生検査所、松阪食肉公社、JA東海くみあい飼料などの幹部らの説明を受け、意見交換を行った。参加者からは、「依然として牛肉や牛乳を食さない人に情報をどんどん提供してほしい」「肉骨粉を牛に給与していた目的は何だったのですか」「と殺までの安全性は理解できました。表示違反からの買い控えもあると思うので表示の適正化を求めます」「生産者は経営が苦しい中でよく頑張っていらっしゃる」「やはり牛肉は安全だと思う」などの意見や要望・感想が述べられた（JA全農みえのホームページより）。より多くの消費者が、生産から流通まで知ることで、BSEに対する偏見や恐怖は軽減されるに違いない。

ＢＳＥの終焉と危険部位の解除

ＢＳＥが日本で初確認されてから八年余り後の二〇一〇年二月。私は再び日本大学生物資源科学部の早川治先生の研究室を訪ねた。この時点で、日本では三十六頭が発症していた。

――二〇〇六年にＢＳＥに感染した牛が十頭を数えてから〇七年は三頭、〇八年、〇九年は一頭ずつしか確認されていません。ピークは過ぎたんでしょうか。

「多分これから出てくるリスクは少ないと思います。ＢＳＥの〝犯人〟が肉骨粉だとすれば、それを食べさせて感染した牛が次々と確認されて、二〇〇六年ごろに十頭も見つかった。その後、ぽつぽつと出てきているのは、かなり年寄りですから、おそらく一次発生源からきた疾病《しっぺい》家畜ではないかと思います。その次に何らかの理由で感染があったとすると、もうそろそろ屠場に出てきてもいいころなんだけど、それがないので、初発の感染によるＢＳＥブームは終わるのではないかと考えています。また、そうなってほしいとも思っています」

――リスクの面から、全頭検査は必要ないという研究者もいますが。

「牛肉の安全を担保することが消費者への安心を付与することになるので、やるに越したことはない。せっかくここまで検査態勢が整ったわけですから、もうしばらく続けてもいいのではないでしょうか」

——BSE問題では、マスコミも消費者もパニックになりました。この問題が問いかけたものは何だったんでしょうか。

「食の安全ではないでしょうか。BSE問題以降、トレーサビリティ(食品の原材料や製造元などを記録し、その情報を追跡できるシステム)という概念が定着しました。肉だけでなく、すべての食べ物に対する食の安全・安心に大きなインパクトを与えた。それに伴ってコストが発生したけど、それ以上に食の安全という社会的なコンセンサスが定着したのはプラス評価してもいいと思います。消費者の立場から見ると、革命的に食品界を改善する出来事だった。この問題がなければ、いつまでも産地偽装などの不正が続いていたと思います」

スーパー、コンビニが増え、商品説明ができる機会や人は、ひとむかし前に比べて極端に少なくなった。だからこそ、商品の安全性をきちんと説明できない業者は淘汰される。危険性も含めて聞けば包み隠さずなんでも教えてくれる生産者や流通関係者をもつこと。そして消費者ひとりひとりが、信頼できる情報チャンネルをもつこと。BSEの取材を通してそんなことを痛感した。

プリオンは潜伏期間が長いので、まだ人間が発症する危険性は、あるにはある。しかし、私たちはすでに肉骨粉等を与えずに肥育した牛を口にしている。そのうち危険部位指定も解除されるだろう。そうなれば、再びすべての部位を満喫できるわけである。

ホルモン奉行、今から店を予約しとこおっと。

9 沖縄の巻

奉行、南国に飛ぶ

「味で勝負　炭火焼肉」の幟《のぼり》にひかれて暖簾《のれん》をくぐった。

那覇市内の幹線道路近くにある焼肉屋。BSE騒ぎが起こって三カ月が過ぎた二〇〇一年の年末だった。夜が遅い沖縄とはいえ、午後八時の食事時なのに客は誰ひとりいない。膝《ひざ》をかかえて座敷で居眠りしていた店の主人が、私の姿を見ておもむろに立ち上がった。

三十人はゆうに座れる座敷にひとりぽつんと座る。頭上には朱色のちょうちん。殴り書きしたように「ホルモン」「ハラミ」の文字が見える。なんだかもの哀しい。ホルモン（大腸）、タン、中落ちカルビを頼む。各品五百円から六百円台で本土より二〜三割安い。一口食べただけで、どれも輸入物であることがわかった。焼肉に関しては、安い、うまいは滅多にない。店は和牛専門と謳《うた》っているが、まさかね。レバー、ミノ、小腸などが入ったモツ煮込みも注文した。ノーコメント。他の店も行ってみたが、やはり沖縄は豚文化であり、牛の焼肉は成熟していない。

いろんなホルモンを食べられてええなあー。読者はそう思っているかもしれない。あのですね、うまいものばかりを食べているだけでは取材にはならないんですよ。いろいろ食べてみて初めて「おいしいもの」がわかるんですわ。それはさておき……。「今、大変ですねー」と主人に声をかけると「お客さんがほとんどいなくなったよー」という答え。沖縄のBSE禍を根掘り葉掘り聞こうと思ったが、うつむき加減でそうつぶやく主人を前にすると言葉が継げなくなった。「応援してますから！」と我ながら訳のわからないセリフを残し、ホルモン奉行はとぼとぼと宿まで歩いて帰ったのであった。

豚の王国・沖縄ならBSE騒ぎも本土ほどではないだろう。私はたかをくくり、南国に飛んだ。那覇の胃袋、牧志《まきし》公設市場内には豚肉屋がひしめくなか、牛肉専門の店が二軒ある。その一軒で騒ぎの影響を聞いたら、若い店主が嘆いた。

「うちは売り上げが六割から七割減です。もうどうにでもなれって感じです」

BSE騒ぎは本土だけではなく、沖縄をも襲っていた。

沖縄の豚文化

沖縄では牛肉、あるいは内臓はどのように料理されるのだろうか。『沖縄の豚と山羊《やぎ》』（ひるぎ社）の著者、島袋正敏さんに話を聞いた。

「沖縄では牛はあまり食べないですね。特に焼肉は新しい食べものです。そもそも肉を焼いて食べる習慣がない。煮て食べます。牛肉を食べるときはステーキですね。これはアメリカに占領されていた影響です。一九四五年から六〇年代半ばまでは、ステーキをステーキハウスやレストランで食べてましたね。牛の内臓を食べ出したのは日本に復帰後の七〇年代です。私ですか？　やはり復帰後に仕事で大阪に行ったときに食べたのが初めてですね。

牛の内臓は沖縄では汁にして食べます。牛汁です。骨付き肉や内臓もごった煮にしてね。それは豚もヤギも同じですよね。内臓は腸だけじゃなくて肺も肝臓も全部入れる。すべてを入れるという面でも豚、ヤギと同じです」

沖縄には肉を焼くという調理法は基本的にはない。たしかに沖縄料理では豚肉であれ牛肉であれ煮物か汁物にする。私は牛汁を捜し求めて、那覇の国際通りから少しはずれた、とある食堂に入った。どんぶり一杯にご飯がついて八百五十円。あまり食べられていないからか、豚の内臓類の汁物より二百円高い。肺、心臓、ミノなどが、合わせ味噌で味付けされている。どの部位もとろとろになるまで煮込んである。スジはつるっと口の中に入り、噛《か》む必要がないほど。聞けばここまで柔らかくするのに一日がかりで煮込むという。自分でも驚くくらい、あっという間に平らげる。あまり見かけないメニューなのだが、もっと多くの人に食べられてもいいのになあ。汗をふきながら、沖縄の汁文化を堪能《たんのう》したのだった。

試みにタウンページで「焼肉屋」の項目を検索してみると、那覇市内で四十三軒しかなかった（二〇〇三年二月現在）。人口三十万人でこの数字は、いかにも少ない。ちなみに大阪市の人口は、約二百五十万人で、焼肉屋は一〇三七店だ。比率でいうと沖縄は大阪のおよそ四分の一である。もっとも沖縄の焼肉店は復帰後の商売だから、少ないのは当然なのだが（蛇足だが〇三年時の沖縄の電話帳には「焼肉屋」しかないが、大阪市のそれには「焼肉・ホルモン料理店」とあるのもおもしろい）。そのかわり、沖縄は豚肉料理に関しては他の追随を許さない。要するにどんなものを食べてきたのか、という歴史の問題なのだ。

沖縄に豚が持ち込まれたのは十四世紀以降である。一四〇四年、豚王国・明から皇帝の使者である冊封使《さっぽうし》がやってきた。当時、明は琉球《りゅうきゅう》を属領とみなしていた。一八六六年までの約五百年間、二十二回にわたり御冠船《うくわんしん》と称される小艦隊で琉球国王が変わるたびに来航し、二百～五百人が、六カ月から八カ月の長期間、首里に滞在した。中国料理に豚は欠かせないが、琉球に豚はいなかった。そこで豚と料理人をわざわざ連れてきた。受け入れる琉球側は、接待用に豚の飼育を奨励した。大勢の腹を満たすのには、一日二十頭が必要だった。そりゃ、琉球人も大変だっただろう。

だが、豚肉が庶民の口に入るのは、一六〇五年以降に、同じく明から甘藷《かんしょ》（サツマイモ）が伝わるのを待たなければならなかった。甘藷の皮や葉で豚を広く飼育するようになってから、ようやく庶民も豚肉が食べられるようになった。本土では仏教の殺《せっ》生観《しょうかん》の影響で、基本的に肉食はタブーだったが、琉球は仏教とは無縁だった。たびたび出された肉食禁止令も及ばなかったので、次第に豚を食べる文化が発達した。

私はトラックの荷台に豚が乗ったイラストに「ぶた王国」と書かれた絵葉書を持っている。沖縄で買った。運転手もやはり豚で、助手席の子豚が「Say HAISAI♡」と呼びかけている。豚にそこまでさせるか……。

豚王国の素顔

牧志公設市場に行くと、沖縄が豚王国であることを再認識させられる。長さ三十センチはある豚の足がボーン、胃袋、腸の山がドドーン、重ねた三枚肉（バラ肉）がズーンと目に飛び込んでくる。質問をすればなんでも教えてくれる。写真も撮り放題だ。本土では食肉産業は差別の歴史がからんでくるのでそうはいかない。ここでは、共同体の中に豚・ヤギを解体する人が必ずいて、差別されるどころか尊敬されるという。どちらの社会が健全であるかは火を見るよりも明らかだ。

市場は観光スポットでもある。豚の面皮（チラガー）を顔にもってきて記念撮影している観光客が何人もいた。ベビーカーに乗った赤ちゃんが、無理やりチラガーと一緒に撮られている。豚が観光に、一役も二役も買っている。その割に観光客はあまり豚肉を買わないような気がするのだが……。

各地でスーパーの食肉売り場を見て回った。自称、食肉巡視員。やっぱり豚肉の売り場面積は広い。内訳は、ざっと見たところ豚＝3、牛・鶏＝2くらいの割合だろうか。関東と同じだ。豚の内臓類が充実している。レバー、心臓はどこの店にもある。それに前処理された胃、腸も。テビチ（豚の足）や中身（豚の胃・腸）の汁のレトルトパックもある。総じて低価格である。内臓、ベーコンが百グラム百円前後。物価が本土よりも安いことを差し引いても、お買い得である。

チラガー（豚の面皮）、袋に入った中身などが売られている牧志公設市場

沖縄のスーパー、精肉店に豚肉を卸している精肉会社の流通担当者が、沖縄で一年を通して豚肉がいかに愛されているかを語ってくれた。

「こっちではお正月に豚の腸などを入れ

た中身汁を食べますから、それに備えてうちの社では十月の段階で冷凍庫に蓄えておきます。正月前はふだんより二、三割多く中身が売れます。冬は風邪の予防も兼ねて栄養価の高いテビチやレバーがよく出ます。四月は清明祭《シーミー》といって墓の前で家族や親族が集まって墓参りをするんです。そのとき食事をするんですが、重箱の中に豚の三枚肉を必ず入れます。夏はお盆に中身汁を食べるし、ビーチパーティーではソーキ（あばら肉）を焼いて食べます。沖縄では豚肉が欠かせません」

年中行事と豚肉が密接に関係しているわけだ。

一年中どころか、一生を通して沖縄では豚が関係した。今でこそ珍しくなったが、一九七〇年代ごろまでは、子どもが生まれた祝いの席や、さらには、お食《く》い初《ぞ》めにも火であぶった塩豚が食された。人が死ぬと枕《まくら》もとに豚の肉塊を置いた。また、先祖を供養《くよう》するために仏壇に豚のチラガーを供えた。人生に豚がついてまわった。

沖縄の内臓文化

牧志公設市場内の精肉店を回り、内臓各種の名称を調査した。家畜の内臓は総称で「ワタ」という。「ハラワタ」からきたのだろう。以下、豚ホルモンの各部位の名称を列記してみる。

肺＝フク、腎臓＝マーミ、心臓＝フクマーミ、肝＝チム、脾臓《ひぞう》＝タキー
直腸＝チビヌミーワタ、大腸＝ウフゲー、小腸＝ビービー、頭のつけ根（首）＝クビジリ
足＝チマグー、尾＝ジュウ、背脂《せあぶら》＝アンダ

牧志公設市場の店員と、大阪・大正区の沖縄料理店主人、玉城利則さんに教えてもらった豚のホルモン名称の由来を解説してみよう。

肺は関西でも「フク」という。ちなみに関東では「フワ」。腎臓の「マーミ」は関西では「マメ」。発音がよく似ている。心臓の「フクマーミ」は肺と腎臓の合成語だろうか？　肝の「チム」は、日本語の「肝いり」「肝を冷やす」と同じように沖縄でもよく使われる言葉。例えば「チムヤムする」というのは、心が痛む、気がかりだ、などを意味する。脾臓の「タキー」は細長いから太刀肝《タチ》とも呼ばれる。「タキー」は「タチ」が転訛《てんか》した可能性がある。直腸の「チビヌミーワタ」の「チビ」は尻《しり》を意味するらしい。直腸が尻に近いからだろう。大腸の「ウフゲー」の「ウフ」は大きい、「ゲー」は胃を表す。小腸の「ビービー」は小さいという意味だが、「ホルモン」でも通用するとのこと。

頭のつけ根の「クビジリ」は漢字で書くと首尻だろう。タイ料理にこれを使ったの

がある。コー・ムー・ヤンといい、私は大阪市内のタイ料理店で食べたことがある。脂と肉の間のような、コリコリした食感でなかなかいけた。沖縄では燻製にしてベーコンとしても売られているらしい。

足の「チマグー」は、そもそも、蹄《ひづめ》やつま先のことをいう。尻尾《しっぽ》の「ジュウ」は、「ジュリ」(尾類)ともいい、豚に限らず尻尾を指す。ちなみに遊女もまたジュリという。身売りされることを「ジュリウイ」(尾類売り)といった。ホルモン奉行は食べる機会に恵まれなかったが、じっくり煮込んで軟骨のコリコリ感とゼラチンのプリプリ感を味わうらしい。背脂の「アンダ」は油のこと。ラードも「アンダ」と呼ぶ。

牛の内臓の名称は豚に比べて沖縄独特の呼び方は少ない。

牛の第一胃、ミノ゠ウィヌワタの「ウィ」は上のこと。ハチノスの「銭《ジン》ワタ」の謂《いわ》れがおもしろい。丸いコインに四角い穴が空いた古銭があるが、牛の第四胃がそれを並べた様に似ているから銭ワタと呼ばれるようになったとか。

牛の大腸は焼肉屋では「ホルモン」だった。これは関東風の呼び方だ。関西では「テッチャン」、あるいは「シマチョウ」になる。牛の第三胃は沖縄でも「センマイ」で、これは全国共通らしい。第四胃は関西風に「アカセン」とも関東風に「ギアラ」ともいう。牛の胃の名称に関しては、沖縄、西日本、東日本と三種類あるようだ。ほとんどの部位に沖縄風の名称があるので、内臓文化が定着していることがわかる。とりわけ豚のホルモンは細かい。さすが豚王国。豚自らがトラックを運転するはずだ。

独自の流通システム

本土と沖縄では豚肉事情はどのように違うのだろうか。豚肉の専門家に話をうかがった。まずは沖縄県畜産課の安富祖誠さんから。

「平成十一年の統計では、沖縄県の豚肉の自給率は一四五・二%なんですよ（全国の自給率は五六%）。昭和五十年は九一・四%だったので自給率がかなり上がっているのがわかります。部位別に見ると、トンカツなどに使うロース、モモ、ウデは他県に移出している。そのかわり沖縄料理でニーズが高いテビチ（足）、ソーキ（あばら肉）、肩などは移入してます。足りない分はデンマークなどから輸入しています。豚肉の輸入はヨーロッパからがほとんどですね。中身などの内臓の輸入はなくて、全部県内で生産、消費されています」

なるほど、地域によって、より多く消費される部位が異なるわけだ。テビチは汁物に、ソーキはそばなどに利用される。たいがいの飲食店にある人気メニューである。

ちなみに沖縄の九九年の牛肉自給率は三五・四%、鶏肉は四八・一%で、豚肉（一四

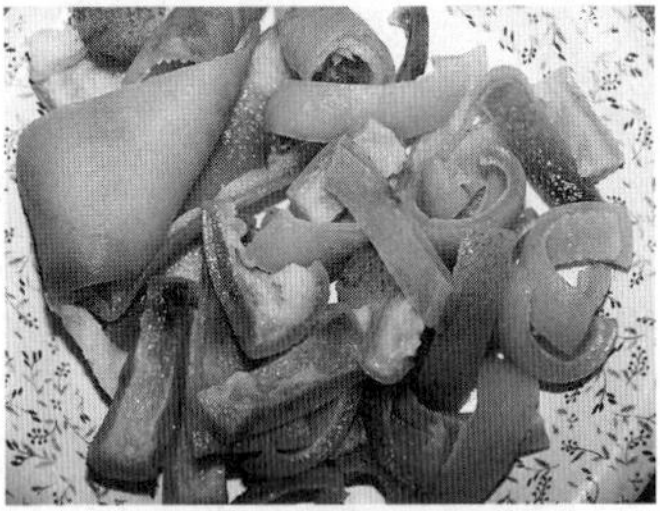
煮込むとうまい豚の皮

五・二％）がいかに多く生産・消費されているかがわかる。

豚肉の流通について、ＪＡ沖縄経済連畜産部の赤嶺《あかみね》一富さんに話を聞いた。

「沖縄では豚は年間四十八万頭が屠畜《とちく》されています。うち十八万頭がＪＡ、十万頭が民間会社、残りの二十万頭を農家が屠畜しています。ＪＡは十八万頭のうち、十万頭を農家に預託し、あとの八万頭は農家から買い上げています。ここでは飼育の段階からＪＡや民間会社がおこないます。屠畜した後、枝肉や内臓は屠場がいったん買い上げます。屠畜料は生産者の負担です。枝肉も内臓も基本的に競《せ》りはありません。これは豚も牛も同じです。で、屠場がまた別の会社に販売します。ＪＡの場合、系列の会社が買って、スーパーや精肉店に売るわけです」

生産、流通のシステムが本土とかなり異なる。本土の場合——とくに関西は、牛の枝肉は競りがおこなわれるし、内臓は組合が屠場で仕入れ、組合員に配分するのが一般的だ。沖縄では、ＪＡや民間会社が一貫して生産、販売している。わかりやすくいうと、自社で飼育した豚を屠場で屠畜してもらった上で販売しているわけだ。屠場での豚の捌《さば》き方も本土と異なる。本土では皮を剥《む》くが、沖縄は皮付きだ。例えばラフティ、本土でいうところの豚の角煮は皮付きのまま料理する。

豚の皮を意識して食べたことがなかった私は、牧志公設市場で分けてもらい家で調理してみた。韓国の市場でも見かけたが、食べたくて仕方がなかったのだ。皮だけを使った料理はないとかで、ご好意によりタダでいただいた。

厚さ四、五ミリの皮を一時間近く茹《ゆ》でる。余分な脂が抜け、柔らかくなったら適当な大きさに切り、しょうゆ、砂糖などで味付けする。これといった味はないが、ムチッとした食感がたまらない。これは皮でしか味わえませんな。なんでも台湾人留学生が皮を求めに市場に来るのだという。お隣りの台湾では、豚の皮を使った料理があるのだろう。

極めつけ!!　三献の料理

おぼろげながらではあるが、沖縄の食肉事情はつかめた。さて、それでは本題のホルモンに入ろう。もう一度確認しておくと、本書ではホルモンとは正肉《しょうにく》、精肉以外の肉すべてを総称している。沖縄料理におけるホルモンの位置は重要で、ごちそうにホルモンが多用されている。

かつて料亭などでは、客人、要人を迎えるとき「三献の料理」と呼ばれる正餐《せいさん》があった。一の膳には汁物、二の膳はご飯、三の膳は酒が供される。以下、『決定版 沖縄の誘惑』（文藝春秋編、文春文庫ビジュアル版）の古波蔵保好《こはぐらやすよし》氏の稿から、その三つの料理を紹介したい。

一の膳はそうめんの吸いものと豚肉の白味噌汁仕立て（イナムドゥチ）。それにメバル、グルクンなどの刺し身がつく。イナムドゥチはわかりやすくいえば豚汁。ディナーに豚汁が出てくるのが、いかにも沖縄だ。

二の膳にはアシテビチ（口絵で紹介）が登場する。材料は豚の足首から上を使う。骨ごとぶつ切りにしてじっくりと煮込む。私も何度か食べたことがあるが、これはうまい。皮、スジがふわふわ&じゅるじゅるになるまで煮込んである。余分な脂が抜けた上に、味付けは塩だけだから実にあっさりしている。私は二日連続で食べた。それでもすぐにまた食べたくなった。私が食いしん坊だからって？　いえいえ、そうではありません。一度お試しあれ。古波蔵氏が「沖縄料理の傑作」というのも深くうなずける。これに茹でた三枚肉を泡盛、しょうゆ、砂糖で煮込んだラフティもつく。ごはんのおかずにはもってこいだ。

しめくくりの三の膳はホルモン奉行のためにあるようなメニューだ。中身の吸いもの、耳皮刺し身、エトセトラ……。中身の吸いものは、豚の胃と腸が入ったすまし汁だ。耳皮刺し身は耳の薄皮をはがした軟骨の酢のもの。これは酒に合います。ほかにも昆布やシイタケと三枚肉を炒《いた》めた昆布《クーブ》イリチーなどがつく。

「三献の料理」の特徴は、豚肉が重要な位置を占めているという点だ。とりわけ中身や足など精肉以外が大活躍している。野球でいうなら四番打者、紅白歌合戦でいうと最後のトリ。ここぞ、というときにホルモンが登場する。沖縄は豚王国に加えて豚のホルモン王国なのだ。ま、私が勝手に言ってるだけなんですが……。

沖縄《ウチナー》おばあの味

那覇の県庁近くに、私が常宿にしている夫婦経営の民宿がある。素泊まり三千円という安さの上に、ご夫婦は観光情報に限らず、沖縄文化その他もろもろを教えてくれる（「コバルト荘」Tel〇九八―八六三―九二一六）。その宿で私がホルモンの話ばかりをするものだから、奥さんはてっきりホルモンの買い付けに沖縄に来ていると思ったらしい。

二〇〇〇年の夏に滞在したとき、ご主人の親戚《しんせき》にあたる真喜屋光子さんに会った。

食材選びをする真喜屋光子さん（右）とトシばあちゃん

そのときもホルモンの話をしていたら、真喜屋さんの母親、田港トシさんが今でも昔ながらの中身汁をつくっているという。

「それはぜひ今度、取材させてください」

と言っていたのが今回、実現した。

まずは光子さん運転の車で、トシばあちゃんと一緒に牧志公設市場へ向かう。

「母は那覇の料亭街で育ったのよ。だから要人なんかを接待する料理のつくり方がわかるの。今の料理はヤマトンチュ（日本人）の口に合う味になってるからね」

光子さんがハンドルをさばきながら教えてくれた。トシばあちゃんは十人きょうだい。口減らしもあって料亭の養女になった。そこで養母からみっちり料理を学んだという。

市場内の行きつけの店で、中身汁用の豚の大腸七斤《きん》（四・二キロ）を買う。市場ではまだ「斤」（六百グラム）の単位が生きている。

中身汁は通常、大腸と小腸を入れるが、おばあちゃんは大腸だけを使う。大腸のほうが柔らかくて汁に適しているのだという。中身汁のダシとラフティ（豚の角煮）用にロース肉も買う。肉は吟味して選ぶ。

「子どもを産んだ豚は皮が厚いからだめね」

豚肉を長年見つづけてきたトシばあちゃんは言う。

市場を出て、道を隔てた乾物卸問屋で、ダシ用の鰹節《かつおぶし》を買う。二種類あり、鰹の腹側でつくったのが「ミーブシ」、背中側が「ウーブシ」だ。前者のほうが脂が乗っていて濃いダシが取れるという。トシばあちゃんはいくつかのミーブシをためつすがめつ眺めたあと、ひとつを選び、店で削ってもらった。

昼ご飯を食べよう、ということになって、二階の食堂へ。エレベーターがあるのを知らなかったトシばあちゃんが「文化だねえ」と一言。かわいらしいというか、愉快なおばあちゃんだ。食堂でアシテビチを食べる。せっかく豚王国に来てホルモンを食べないわけにはいかない。自分で課したノルマである。

路地でサーターアンダギー（小麦粉をこね、油で揚げたお菓子）を買い、車の中で食べる。親子の会話は時々、ウチナーグチ（沖縄方言）に変わり、私にはまったくわからない。聞くとサーターアンダギーは粉をこねるときに豚の脂を入れると、揚げるときに油を余分に吸わず、なおかつ味もよくなるという。ほほう、豚の脂は、ええ仕事しまんねんなあ。

大腸を小麦粉と油でもみ洗いして臭みをとるトシばあちゃん

那覇市内のトシばあちゃんの家で、料理に取りかかる。大腸はすでに屠場で下処理されている。加えて市場内の店でも洗ってあるのだが、それでもまだにおいがする。機械で洗浄する際に化学薬品を使うからか、その臭気もついている。まずは水洗いした上で、油と小麦粉をまぶして汚れや臭みを洗い流す。おからを使う場合もあるという。台所でコネコネするトシばあちゃんはとても八十近くには見えない。

「料理で使った後の油を使うのは、そちらのほうがよく落ちるからですか？」

と聞くと「もったいないから」という答え。そりゃ、そうですね。

しつこいくらいに洗うと、薬品臭も内臓独特の臭みもほとんど消えていた。この作業をきちんとしないと上品な料理に仕上がらないという。屠場から仕入れた大腸、小腸は、かつては下処理をしていなかったので、足で踏みながら水洗いしたそうな。

何度も洗った後は、茹でて臭みを取る。もんだり、洗ったり、茹でたりして臭みを取る作業に一時間近くかかった。手間と暇がかかるのだ。ロース肉を茹でて取った贅《ぜい》沢《たく》なダシ汁に、大腸を入れる。そこに大腸がぷっかり浮かぶくらい差し水し、灰汁《あく》を取りながら強火で煮る。

料理をつくりながら、戦争中の話を聞く。米兵から逃げるために光子さんを抱きかかえて壕《ごう》の中に入ったが、催涙弾を撃たれて息もできなかったという。そんな時代を生き抜いてきたおばあちゃんに中身汁をつくってもらっている。感謝しながら、平和と料理が早くできることを願う。

煮ている間に、糸コンニャクを塩でもみ洗いし、茹でてダシを取った後のロース肉を適当な大きさに切り、鍋に加える。さらに布袋に入れた鰹節を鍋の取っ手にゆわえつける。ここからいいダシが、じわりじわりと出てくるわけだ。いいにおいを嗅《か》ぎつけて、猫が台所の勝手口の網戸をしきりに引っ掻《か》いている。

「こら！　お前にやるものはない！」

トシばあちゃんが叱《しか》りつけた。おばあちゃん宅によく寄るそうだ。野良猫なんだけど、台所にペットフード「ねこ元気」が置いてあった。本当は仲良しなんだ。

料理開始から二時間半。最後に塩で味付けして完了。沖縄の汁物は、調味料をあれこれ入れ過ぎない。大腸の下処理を差し引くと一時間半は煮込んでいる。大腸、シイタケ、糸コンニャク、ロース肉……鍋の中であふれんばかりの具が、私を手招きしている。

できたての中身汁（口絵で紹介）をいただく。大腸はふわふわして麩《ふ》に近い食感だ。あれだけ手間をかけただけあって臭みはまったくない。ダシ汁もいただきまーす。シイタケと鰹節、それにロース肉のうま味が重なり合ってええ感じです。中でも鰹節のダシが効いてます。山と陸と海の幸が合体している。幸せです。猫がまだガリガリ網戸を引っ掻いてる。お前にやるものはない！

「あ、写真撮るのを忘れてました」

それを口実に、私はもう一杯いただいた。しかも具をたっぷり入れてもらって。ラフティ、ジューシー（雑炊）も一緒にごちそうになる。沖縄は青い海や安室奈美恵だけではないことを実感した。

「中身汁はね、一日寝かすとまたおいしいのよ。明日もいらっしゃい」

光子さんのお言葉に甘えて、翌日もうかがった。なるほど、時間がたつとそれぞれの味が融合してます。息が合った弦楽四重奏を聴いているようで心がなごむ。しつこくなく、素朴であり、上品でもある。中身汁のような人間に、私はなりたい。無理か。

大阪に発《た》つ日、冷凍した中身汁をたっぷりいただいた。帰ってきてから何度かに分けて食べた。口に入れるごとに長年受け継がれてきた素朴な味と、トシばあちゃんの笑顔と、「僕にもちょうだい」と言わんばかりに網戸を引っ掻いていた猫の姿が浮かんできたのだった。

豚肉文化よ永遠に

沖縄は豚肉もさることながら伝統的にヤギもよく食される。ところが若い人の中にはヤギはにおいがすると言って敬遠する人が少なくない。以前、大阪・大正区にある沖縄料理屋の主人、玉城利則さんに、頼みこんで内臓がたっぷり入ったヤギ汁（口絵で紹介）をつくってもらったことがある。私にしては珍しく気を利《き》かせ、沖縄出身の大学生とOLを招待した。ところがどっこい、喜ぶと思いきや、二人とも独特のにおいがするので食べたことがないと言うではないか。

「それは食わず嫌いやで。これ、わざわざ沖縄から食材仕入れてはるねんで。おいしいから食べてみ」

何度も薦めてみるが、頑《がん》として箸《はし》をつけようとしない。せっかくつくってくれたのに……。私は店の主人の目を盗んで平らげた。ヤギはたしかにクセがあるから、若い人が食べないのはわからないでもない。でもね、そのクセがあるのがうまいんだよ。下世話なオッサンか、私は。

ヤギが世代によっては食べられなくなっているように、沖縄の食も変わりつつあるのかもしれない。そういえば、豚肉は以前に比べて香りがなくなった、という地元の人もおられた。八〇年代初頭に初めて食べたピーナッツ入りのジーマミ豆腐も、今ではあっさりした味に変わっている。

そうはいっても、沖縄で豚肉が主役の座から降りることはないだろう。

きょうもまた南の国では、街の食堂で、あるいは家庭で、豚のあらゆる部位が愛されているに違いない。

10

牛タン（舌）の巻

ザ・キング・オブ・ホルモン

イチローと奉行の共通点

阪神・淡路大震災から七年目を迎えた二〇〇二年一月十七日。神戸市内にあるオリックス球団グラウンドに、二〇〇一年のアメリカン・リーグ最優秀選手賞を受賞したイチローがいた。黒の上下のウインドブレーカーに身を包み、ランニング、キャッチボールなどで約二時間汗を流した後、報道陣のインタビューに応じた。「日本でのオフは楽しんでいますか」という質問に、二十八歳の青年は次のように答えた。「たくさんの友達がいるので会うのは楽しい。とにかくうまいものを食べられるのが最大の喜び。牛タンからは離れられない」（『朝日新聞』一月十八日付朝刊）

その日、イチローは神戸市内のいきつけの牛タン専門店に行き、いつものメニューに舌鼓《したつづみ》を打った……かどうかは知らない。私はイチローほどの名誉も稼ぎもないが、牛タンを愛していることだけは共通している。彼が贔屓《ひいき》にする神戸市内の店にも行った（ミーハーかしら？）。アメリカでは美味しい牛タンを口にすることはできないらしいので、イチロー君、その店にも立ち寄ったに違いない。

牛タンはホルモンの中でも、味といい、価格といい別格である。焼肉屋は数多いが、牛タンのないところはない。人気メニューである。炭火でさっと焼いたのを口に放りこむと、内臓とも精肉とも違う独特の食感と味わいが口の中に広がる。いいのにあたると、「生きててよかった」と思う。生きる勇気がわいてくる。飽きるまで食べたいのだが、イチローほどの稼ぎがないので、いつも一人前で我慢している。最近では焼肉屋だけでなく、居酒屋のメニューでもよく見かけるようになった。ホルモンの中では出世頭なのである。

兵庫県加古川市の肥育農家兼牛肉の卸業、中尾政国さんは、牛タンの価値について次のように語る。

「和牛のタンはサシ（脂肪）がびっしり入って全体が真っ白い感じ。特選のええ肉は、食べたら脂《あぶら》っこくてムッとすることがあるけど、タンはそんなことない。そやから刺し身でも食べられる。ちょっと前まで牛を割ったら（屠畜《とちく》したら）特別なお得意さんにはタンとテールを枝肉につけて持って行きよった。それだけタンとテールは特別ということや。ぼくら、家が肉屋やから肉はもちろん、テールも小さいときからスープで口にしてたけど、そういえばタンは食べたことなかったなあ」

昔も今も、牛タンは貴重品なのである。言わずもがなではあるが、タンもテールも一頭に一本ずつしかない。数が少ない上に美味ときているから、ひっぱりだこである。

ホルモンの取材を始めてから、「いつか牛タンを……」と虎視《こし》眈々《タンタン》と狙《ねら》っていた。

情報収集も欠かさなかった。「仙台では牛タンがえらい人気があるらしい」「専門店がいっぱいあるねんて」「駅弁にも牛タン弁当があるらしいで」。焼肉屋およびホルモン業界の人びとの口から「仙台」の地名がたびたび出た。仙台は牛タンの聖地なのか。うーん、これは行くしかあるまい。私は牛タンを求め、みちのく一人旅に出た。

みちのく、牛タンロード

大阪空港から空路一時間余り。私は今、仙台空港の二階のみやげもの売り場にいる。長さ五メートルほどの棚の両面に、牛タンの加工品の数々が並んでいる。牛たんラーメン、牛たんジャーキー、ソーセージ、カレー、燻製、太巻き寿司、佃煮……。ありとあらゆる加工品が並んでいる（仙台では「牛たん」と平仮名が使われるが、この稿では地域や文脈によって使い分けることにする）。製品の種類の多さにびっくりしながら、店員に怪しまれないよう、何度も往復する。もうすでに怪しい。メーカーが競合しているので、いろんな製品がある。黒こしょうがびっしり張り付いた燻製もある。真っ黒な牛タンを見るのは初めてだ。カットにしても、縦半分のもあれば、一口サイズのもある。いろんな牛タンに出迎えを受けたみたいで、うれしい。

歩き疲れたのでスタンドの椅子《いす》に座って牛たん肉饅頭《まんじゅう》二つ（塩味と味噌味）を食べ

てみた。肉まんまで牛タンですか。うん、確かにタンの味がしますわ。仙台人のアイデンティティは牛タンを食べることにあるのかなあ。着いて何時間も経《た》たないのにそう思った。

そもそもなぜ仙台で牛タンが名物になったのか。仙台と牛タンの歴史は、意外に新しい。戦後間もない一九五〇(昭和二十五)年、仙台市内の焼き鳥屋「太助」のメニューに初めて「牛たん焼き」が登場した。店主の佐野啓四郎氏(九四年没)が、進駐軍から流れてきた牛タンに、試行錯誤の末、塩、こしょうで下味を付け、炭火で焼いて出したら人気が出た。さらに麦飯、テールスープ、白菜の漬物を付け「牛たん焼き定食」として売り出すと評判を呼んだ。かくして「太助」は五二(昭和二十七)年、牛たん焼きの専門店となる。その後、専門店は増え、現在は仙台市内だけで五十店を超えるが、そのほとんどの店で、牛たん焼き、麦飯、テールスープ、白菜の漬物がセットになっている。全国各地に麦飯、白菜の漬物がセットになった牛たん焼定食があるが、そのルーツは仙台「太助」である。

この牛たん焼きが仙台の名物になるまでには時間がかかった。「太助」の佐野氏の協力で七五(昭和五十)年に「喜助《きすけ》」がオープン。その五年後、仙台駅前に二号店が開店する。同社の現会長・大川原要氏はこのとき、「仙台名物　牛たん焼き」の看板を表通りに出し、仙台名物であることをアピールした。仙台市商工会議所も本腰を入れてPRしはじめた。徐々に新聞、雑誌、ラジオ、テレビが食いつきはじめ、パック詰めされたみやげ物が売り出されるに至り、全国区になった。

　ホルモン奉行、よう知ってまんなあって？　いや、これ二〇〇一年に出版された『仙台　牛たん焼き物語』（河北新報社）に詳しく書かれてまんねん。その著者、井上英子さんに会いに行った。本づくりのために各地を飛び回っておられる、とにかくパワフルな女性で、そのエネルギー源は牛タンにあるのではないか、と私は勝手に推測している。その井上さんに牛タン関係者を紹介していただいた。

　まずは「喜助」定禅寺《じょうぜんじ》店で、社長の大川原潔さんと会見した。

「何はともあれ、まずは食べてください」

　はい、いただきます。塩焼き、タレ、味噌味の三種を頬張る。柔らかい！　味がしみこんでいる。分厚い。居酒屋で出てくるようなぺらぺらではなーい。厚さは五、六ミリ。焼き具合もちょうどいい。麦飯がすすむ。そうそう取材、取材。

　――「喜助」さんは、牛たん焼きを提供する上で、何に一番気をつかっておられるんですか？

「うちは牛たんの専門店ですから、仕入れ値によって品質を落とすとか、手間がかからないよう味付けしたのを買ってきて焼くとか、そういうことは一切しません。味付けはいろんな調味料を使ってるわけじゃないので、ごまかしがきかないんですよ。あとはいかにうまく焼くか、ですね」

食べてみるとわかるが、焼き加減が絶妙である。分厚いタンをふんわり柔らかく焼くのは難しい。一般的に料理の世界では備長炭《びんちょうずみ》が重宝されるが、火おきが悪く、昼どきなどは一時間で百人分を焼かなければならないので間に合わないという。ここでは岩手産のナラ、クヌギを使っている。「喜助」一番町店店長の西村一男さんは焼き方のコツについて次のように語る。

「炭火は二段重ねになってて、直火だと千度、少し離しても七百度はあります。短時間に素早く焼くために、扇風機で風を送って火をおこしてるんですよ。ほらね」

客席から見えないカウンターの内側をのぞくと、確かに炭火の近くに小型扇風機が据え置かれていた。火力をできるだけ強くして一気に焼くわけだ。

「やっぱり強火で焼かないとね。とろ火で焼いてたら、

「素早く焼くのがコツ」と語る西村一男さん

牛たんが干《ひ》からびてしまうんですよ。火さえ立っていれば一分で焼けますよ。いや三十秒くらいかな。脂のつやが出て光ってくると焼き上がりです」

実際に焼くところを見せてもらった。菜箸《さいばし》でひっきりなしに裏返す。片面焼いて、はい裏側、ではないのである。手早く、何度もひっくり返して焼くのはどの店も同じだ。

海を越えてくる牛タン

――ところで、大川原社長、この牛たんは、どこから仕入れるんですか?

「仙台なんだから仙台牛なんでしょ、というお客さんがいらっしゃる。質問がないときは僕も黙ってるんです。でも聞かれたら嘘《うそ》は言えません。アメリカからの輸入ものです、と言います。国内産を使ってもいいんですけど、そうすると経費の面で一店舗も経営できなくなります」

そもそも和牛だけでタンをまかなうには無理があるという。牛たん王国・仙台を擁する宮城県で一日に屠畜されるのが約八十頭。仙台市内だけでも五十軒以上の牛たん焼き屋がある。地元産の牛だけだと、一店舗に一本あまりしかあたらない計算になる。

仙台以外でも事情は同じである。日本全国で現在、一日に約五千頭の牛が屠畜されている。一方、焼肉店は二万店ある。仙台を含め、たいがいの焼肉屋で出てくるタンは輸入物である。

「喜助」では、アメリカ産を八〇年ごろから、仙台に本社を置く商社「カメイ」から仕入れている。同社の外食産業課・小野博康課長によると、地元でインポートフェアが開催されたとき、試しに輸入牛肉を扱ったら予想外に売り上げがあった。「私、これからも輸入牛肉をやります」と社内でひとり手を挙げた。最初の取引先が「喜助」だった。先見の明があったのだろう、今では仙台の牛たん焼き屋のほとんどが同社と取引している。同社の外食産業課はたった一人から七人にまで増えた。

お昼どきで混む「喜助」で、仙台の牛タン輸入の立役者、小野課長にインタビューした。

「輸入元はアメリカが圧倒的に多いんですが、牛タンの質は、まずは牛の品種。いろいろある中で、ブラックアンガスという種が総合的にみて最高とされています。次にどの工場で屠畜、解体されるかです。私どもは、ある特定の生産者の、特定の工場から仕入れています。ある程度の数をこなさないと入ってこないんですよ。タンは正肉《しょうにく》よりも高く買ってますから、こういうふうにしてほしい、と要望も出しています」

九〇年代の半ばに、小野課長は大川原社長とともにアメリカの食肉工場に出張した。

自分たちが求めるタンがどういうものかを説明するためである。屠畜後、付け根の筋肉は切除し、皮を剝《む》きやすいようにまっすぐ延ばしてほしい。品質が劣化しないように、なるべく早く冷凍してほしい……。そうやって現地指導したタンが仙台の店に入ってくる。味にこだわる店はそこまでする。だから輸入物でも美味しいわけだ。

和牛と輸入牛では、タンであれ他の部位であれ、味が格段に違うのはどの専門店、焼肉屋も指摘する。当たり前の話であるが、和牛は日本人の味覚に合うよう肥育されているからだ。輸出するには冷凍・冷蔵しなければならないので、味も落ちる。牛肉が自由化され、安い輸入牛肉が日本の市場を席巻《せっけん》している。そのような状況のなかで、いかに和牛に近づけるか、あるいは工夫して日本人好みの味にもっていくか。そこに他店に差をつける技術や戦略がある。

アメリカでは、牛タンはメキシコ料理でタコスの材料などに使うが、日本ほど食べない。そこへ乗り込んで技術指導する仙台人の情熱は並大抵ではない。ちなみに食肉大国アメリカでは、一日に約十万頭もの牛を屠畜するという。大きな食肉会社では一日に三万頭を処理する。わおぅ。日本は年間で約百三十万頭だから、桁《けた》外れに多い。

神戸に本社を置く、食品総合商社「ニッチク」の堀修士さんによると、アメリカの牛は穀物肥育で、オーストラリアは牧草肥育が中心だという。エサによってもタンの味、柔らかさが違ってくる。アメリカの食肉工場を視察したことがある堀さんに、牛タンが日本に運ばれてくるまでを聞いた。

「輸入物には、ラップで巻いて冷凍するのと、真空パックして冷蔵して生のまま日本にもってくるチルドの二通りがあります。チルドは冷凍に比べて値が張ります。そのかわり鮮度とか焼いたときに違いが出ます。冷凍したら解凍したときに水分が出るし、品質が変わることもあります。チルドは屠畜してから四十五日から五十日、冷凍は二年が賞味期限です。

食肉工場はアメリカの中西部に集中してます。タンは十本ないしは十二本を箱に入れて、トラックで二日間ほどかけて西海岸まで運びます。出荷手続きをして、そこからコンテナに積んで船で二週間かけて大阪と東京に運びます。荷揚げして動物検疫所で諸手続をして、ようやく業者の手に入ります。ですから、アメリカで屠畜されて日本に入るまで、一カ月近くかかることになります」

私たちが食べているタンの多くは、はるかかなたアメリカやオーストラリアで肥育・屠畜された後、トラックと船に長時間揺られ、何千キロもの旅を終えて私たちの胃の中に収まるわけである。長旅ご苦労さま。

牛たん焼きのできるまで

日本に入ったタンが牛たん焼きになるまでを追うため、「喜助」の工場を見学させてもらった。同社では専門店が仙台市内に五店、それに真空パックされたおみやげ品も販売しているので、一括して工場でカットし、下味をつけている。

市内のマンションの一階に工場はあった。広さ二十畳くらいの部屋の真ん中に大きなテーブルがひとつ。冷凍のタンを湯の中に入れ、ラップを取りはずす。白に灰色のぶちが入ったタンが、テーブルの上に置かれる。それをエプロン姿の女性八人が、先端から皮をつまみながら包丁で削《そ》いでいく。ものの数分で、マグロの赤身のようなタンが仕上がっていく。皮を剝《む》き、整形すると、一・五キロが一キロになる。さらに別の工場でスライスした上で、味付けし、熟成させる。井上さんと別の工場に移動する。

「仙台では、居酒屋でも小料理屋でも、必ずといっていいほどメニューに牛たん焼きを置いてるんですよ。好きな人は毎週でも食べに行きますから」

運転しながら井上さんが教えてくれる。「喜助」には、毎日、牛たん焼き定食を食べにくる中年男性がいるそうな。兵庫・姫路のホルモニスト、平山・ヤーさんチームに負けていない。それにしても毎日というのはすごい。何が彼をそこまで駆り立てるのだろうか。

別の工場では、白い帽子をかぶった女性たちが黙々と作業を続けていた。機械でスライスし、別の人が細かい血管まで取り除き、整形する。硬かったり、焼くと反り返りそうな部分には包丁で切れ目を入れる。また別の人がトレイにタンを四枚×三列に並べ、容器に入った塩、こしょうなどを上から振りかける。誰が味付けをしたかがわかるシステムになっているので手が抜けない。同社では甘みがある兵庫県・赤穂《あこう》の天然塩を使用している。

熟成させる前の味付け作業

「夏の暑い盛りは、みなさん汗をかくので塩をややきつめに振ります。そうするとビールもおいしいですしね」

現場の責任者の説明に、私は深くうなずく。ビールとタン、合いますもんね。

下味をつけたタンは、三日から一週間、冷蔵庫で熟成させて血抜きをする。仙台の牛たん焼きが柔らかく、かつ味わいがあるのはこの熟成過程があるからだ。

別の部屋ではテールの整形と、たん焼きには使われない部分を細かく刻む作業が行われていた。タン先は硬いので煮込んで豆腐の上にかける。「喜助」名物の「たん豆腐」だ。その他、カレーに入れたり雑炊に入れたりするので、ほとんど捨てるところがない。徹底した品質管理と一グラムも無駄にしない工夫。だからこそいろんな味が楽しめるわけだ。

奉行、牛タンに蒙《もう》を啓《ひら》かれる

牛たん焼きといえば、なんとなくオヤジの世界を想像する人が多いのではないだろうか。少なくとも私がそうだった。オヤジの私が言うのだから間違いない。ところがどっこい、「伊達《だて》の牛たん本舗」は、「牛たん＝オヤジ」のイメージを変える店舗展開で急成長を遂げている。

仙台に滞在中、同社が経営するレストランに『仙台 牛たん焼き物語』の著者の井上英子さんと一緒に行った。街を見渡せる大きなガラス窓、壁やテーブルはツルッとした木で統一され、松嶋菜々子がいてもおかしくない雰囲気だ。洋酒が棚にずらり揃《そろ》っている。もちろん、飾りものではない。ジャズが流れている。ここはパリかニューヨークか。タキシードを着てくるんだった。持ってないけど。

タンの根元の霜降り部分、「極上芯《しん》たん」を注文する。コック帽をかぶった二十歳前後の男前が炭火で牛たんを焼いている。うへっ、う、うまそう。早く食べたい。心拍数が上がってきた。

「写真を撮らせてもらったらどうですか。私、頼んでみます」

井上さんが現実（＝仕事）に引き戻す。

男前のコックは、料理人が使う菜箸ではなく、トング（肉ばさみ）でタンをひっくり返していた。タンは根元、真ん中、タン先で、味も柔らかさも違う。脂《あぶら》がのった、タン元（この店では芯たんと呼ぶ）は、噛《か》む必要がないと思えるほど柔らかく、甘みがある。いくらでもいけそうだが、他のメニューも注文したので一人前で我慢する。

「私は脂っこいものよりも、より肉の味がする真ん中あたりがいいわね」

井上さんはあっさり系だ。私は顔も性格もあっさりしているが（?）、肉は脂がのったのが好きだ。

注文したのが来た、来た、来た。串に刺した「つくね」、煮込んだ「たん漬」、フライにした「たんかつ」「たん揚げ」……。どれも美味。私は、ころもとタンをほぼ同じ柔らかさに仕上げた「たん揚げ」が気に入りましたな。これはお子様にもお年寄りにも、いや全世界の人たちに好かれるでしょう。洋酒かワインを片手に牛たん、というのもオツですな。

「レストランの一番のターゲットは若い女性です。そうすれば家族連れも年配の女性も来てくれる。牛タンを食べなくても、お酒だけでもいい。時間をかけてゆっくり楽しんでいってほしいんです」

料理人用の白衣を着た、「伊達の牛たん本舗」専務の徳江覚さんは、二百五十人が収容できる本店の二階事務所で経営方針を熱く語った。同社は仙台の牛タン業界では後発組。他社と同じことをしていては食い込めない。

「レストランだったら、来たい人だけが食べて、来られない人は仙台の食文化の恩恵にあずかれないわけですよ。牛タンを広めて啓蒙《けいもう》していくにはギフトがいいだろうと。で、それが浸透していったんです」

徳江専務は一時間弱の取材の中で「啓蒙」という言葉を二度使った。牛タンの啓蒙と言い切るところが、すごい。並々ならぬ自信と使命感がうかがえた。

九一年、「伊達の牛たん本舗」は設立と同時に、地元デパート、三越、キヨスクに贈答・みやげ用の真空パックを置いた。三十グラム五百円のパックが二つ入ったセットが飛ぶように売れた。JR仙台駅の駅ビル内には、同社だけで、店舗・ケース売りも含めた販売店が十七カ所あるという。後日、確かめたが、お互い五メートルしか離れていない所もあった。「限界に挑戦です」と専務は笑う。人通りの多い場所での宣伝効果を狙《ねら》ったわけだが、それにしてもひとつのビルに十七店舗というのは驚きだ。

牛たん焼きを知らない人も、「なんやこれ、名物かいな。買って帰ろか」となるわけだ。同業他社の店舗もあるから、観光客もビジネス客も牛タンの存在を知らずして駅ビルを出ることはできない。世界でも珍しい牛タン屋密集地だ。

「みやげ物、贈答品を始めたころは、わが社の製品はゲテモノと言われてたんですよ。今は地元の人が買って、自分の大事な人に贈るわけです。今年(二〇〇二年)も団体旅行の添乗員さんたちが選ぶおみやげ品の一位に四年連続で選ばれたんですよ」

そう言うと徳江専務は額縁に入った賞状を指さした。地元のデパートでは、中元、歳暮の時期には売り上げが常にトップだった。ところが、BSE騒ぎで二〇〇一年末は十七位に急落した。牛タンはまったく関係ないっつうの。

仙台から帰ってきて、自宅でみやげ物のパック入りの牛タンを焼いた。

「フライパンをカンカンに熱して、油を入れずに両面を素早くひっくり返しながら焼くのよ。そうすればおいしいから」

井上さんの教え通りに焼くと、お店で食べた水準とまではいかないけれど、なかなかいけた。あまり期待してなかっただけに、ホルモン奉行、もっと牛タンに蒙《もう》を啓《ひら》かれたい、と願ったのだった。

牛たん焼き〝元祖〟の心意気

みちのく取材の最後は、牛たん焼きの原点「旨味《うまみ》 太助」に行った。戦後間もなくの焼き鳥屋「太助」からは場所も変わっているが、味は変えていないという。先代の佐野啓四郎氏の娘婿《むすめむこ》で店主の佐野八勇さんが〝老舗《しにせ》〟のこだわりについて語ってくれた。

「うちのお客さんの八割はオヤジの代から来てる人なんですよ。『オヤジがいたころと同じ味だな』と言って帰られる。タンが高くなったからといって、薄くでもしようものなら『今日のタンは薄いぞ』と言われますからね」

あだやおろそかに、タンの厚さ、味付け、焼き方を変えることはできないのだ。では、開店当初から変わった点、そして変わらない点は何なのだろう。

「変わったといえば、機械で皮を剝いていることですかね。変わってないのは機械を使わずに包丁で切ってます。味が違うんですよ。機械だと、スライスしていくと熱をもつからタンの鮮度が落ちるんです。これは長年食べ続けてみないとわからないかもしれません」

やはりこの店は、「元祖・牛たん焼き」という歴史から「変えない」ことにこだわりがあるようだ。例えば、使っている塩はずっと同じだし、他店ではタレ味、味噌味もあるが、ここは頑固に塩味だけである。

「他の店は塩味が出せないから、他の味付けをしてるわけです。うちはずっと塩味だけです」

店主は自信たっぷりにそう言い切った。店によってこだわりが違う。それぞれのこだわり、味があるからこそ、仙台市内だけで五十店以上あっても成り立つわけだ。逆にいうと、「何か」がなければ消えていく。現に、ここ十年で数十軒が開店し、同じくらいの数が閉店したという。仙台の人は、牛たん焼きに関して舌がこえているのだ。

ここのタンはオーストラリア産である。アメリカ産はオーストラリア産に比べて価格の変動が激しいからだという。牛たん焼き定食は千二百円だったが、二〇〇一年から千円に値下げした。高値で安定していた輸入牛タンも、BSE騒ぎで急落し、十年前の価格に戻った。消費者にはありがたいが、店には負担が大きい。

「旨味　太助」は昔ながらの味。テールスープ（左）も人気がある

「味も落とせないし、値上げすることもできませんからね。ささ、どうぞ召し上がってください」

テカッと光った牛たん焼き五枚は、迫力十分だ。一口で食べきれない大きさ。嚙みやすいように隠し包丁が入れてある。昔がどんな味だったかは知らないけれど、「昔ながらの味」というのがなんとなくわかるから不思議だ。

「お客さんには、うまいもの、ボリュームあるものを安い値段でお出ししなさい。そうすれば宣伝しなくてもお客さんは来てくれる」

仙台牛たん焼きの始祖、佐野啓四郎氏が口癖のように後輩たちに伝えた言葉が、神の啓示のように私の舌にびんびん伝わってきた。

二日間で六食連続、牛たん焼きを食べた。その二日間だけだと、間違いなく世界一の牛タン消費者だろう。もうええわー、と思いつつ、残さずに食べていた。飽きないのだ。行った場所も牛タンに関係する場所だけ。仙台と聞けば牛タンしか思い浮かばない。これでいいんだろうか……。いいんだよ、と誰か言ってほしい。

ナニワ牛タン、愛情一番

仙台から帰ってきて二日後、大阪の牛タン料理を食べに行った。健啖家《けんタンか》という言葉は私のためにある。

「たんや　舌《べろ》」。大阪の牛タンファンには知られた名である。ホルモン奉行に就任して間もなく、なんの気なしに入ったが、たちまちタン料理の幅の広さと奥の深さにしびれてしまった。

「狂牛病の発生以降、取材はお宅らが初めてです」

和風のコック帽をかぶった、主《あるじ》の中野将男さんは、そう言うとBSE騒動の影響を語った。マスター、店主よりも、「主」あるいは「オヤジ」という呼び方が似合う。

その主によると、お客さんがゼロだった夜もあったという。

「この仕事、五十年ほどやってるけど、こんなこと初めてや」

BSEにはまったく関係ない部位の専門店に客が来ないというのは、理解に苦しむ。

半世紀の料理人渡世の中で、三十年をフランス料理のコックとして過ごしてきた。シェフも長年務めてきた。それなのになぜタン料理に？

「年中いつでも手に入る食材ですやろ。それにタンは味があるようで、ない。素朴やから何でもできる。できるんだけれども硬いから味がのりにくい。さて、どうしたらええかやな」

そう言うと自分の頭を指さした。ここを使うんや、ということらしい。

以前は和牛のタンを使っていた。今は輸入物である。和牛の価格は、輸入物の五倍もしていたときがあった。たん焼きの昼定食が八百円。和牛を使っていたら、とてもやっていけない。

「そら、輸入物と和牛は味が全然違う。輸入物を和牛に変えることは絶対できん。だから味を補給せなあかんわけや」

手間暇かかるわけですね。

「あんた今、ええこと言うた！　料理に一番大事なんは、愛情や」

あ、愛情ですか。で、味を補給する秘訣《ひけつ》は……。

「それは言えんな」

ガクッ。根掘り葉掘り聞くと、その秘訣はどうやら熟成にあるようだ。これが何日間、あるいは何時間、熟成させ、どういう状態になったらＯＫ、とは一概に言えないという。

「良質のタンは熟成が早い、というのはいえる。業者が持ってきたとき、もう熟成してるのもある。熟成のさせ方、加減は、指で押したり、色を見たりしてわかるもんと違う。これは経験しかない。教えないというより教えられないわけですよ」

これはもう食べるしかない。突き出し（煮物）、サラダ、刺し身、たたき、焼きたん、タンスライス（ボイル）、スープの七品が味わえるコースを頼む。

しょうゆで煮込んだ突き出しは、脂がほどよく入っていて柔らかい。西洋料理でもタンの煮込みはあって、牛タンの取材中に食べたが、私はしょうゆ味の方が好きだ。ソースの味が強くなるとタンそのものの味わいが半減してしまうからだ。トマトサラダの後は刺し身（口絵で紹介）。

「タン料理の中では、生が一番難しい。味付けしないでタンそのものを味わうからね。三百六十五日、同じ刺し身は出せない。生で出せる品物も少ない。いい部分だけ取るために他は削ってしまうから、値段が高い割には儲からへんしね」

刺し身が一番難しい、というのも料理の奥の深さを物語っている。

次は、たたき（口絵で紹介）。炭火で焼かれて少し硬くなった外側と、中のグニュッとした食感が絶妙ですね。青ネギと酢じょうゆ、レモン汁が合います。たまりませんなあ。ほう、刺し身とたたきが人気メニューですか。そうでしょう、そうでしょう。「焼き」はやっぱり定番ですね。ボイルして漬け込んだタンはハムみたいな食感と味かな。辛子をつけてもいけます。これがコースの中で唯一、フランス料理の味付けですね。「ワインが欲しくなりますねえ」と編集者が申しております。

最後のタンスープは、上品なコンソメ味にかすかにタンの味がします。刺し身、

「焼き」で使わない部分を入れてるんですか。さりげなくタンの存在が感じられるところが、ニクい演出ですなあ。

味の濃淡、見た目、調理法……まいりました。もう一回、たたきをお願いします。タン料理というより、主人の料理に対するこだわりが感じられます。そのこだわりがタンという素材に乗り移った、という感じ。え？　コース二人分で六千円ですか。いや、知ってましたけどね。でも、何回来てもびっくりしますわ。

タン――ザ・キング・オブ・ホルモン

輸入物でこれだけ美味しいのだから、和牛だったらどんな味がするのだろう。みなさんもそう思いませんか？　では日本全国の牛タンファンを代表して、わたくしが食べさせていただきます。

何度も取材させていただいた、兵庫県の肥育農家兼牛肉卸業、中尾政国さんにダメ元でお願いしたら、「よっしゃわかった。すぐに送ったろ」と色よい返事。神戸ビーフのタンである。私の頭の中はそれから牛タン一色になった。

頼んでから数日後、神戸ビーフのタンが、クール便で届いた。でかい。長さ三三・五センチ、最大幅八センチ、厚さは最大で一四センチ。ずしりと重い。体重計で量ったら一・五キロあった。神戸牛のそれは一キロ前後と聞いていたので、中尾さん、気を利《き》かせてくれたのだろう。とてもいい人だ。灰色に黒い斑点《はんてん》がちりばめられ、太い毛のようなトゲが覆《おお》っている。かっこいい。

「しばらく部屋に飾っとこうか」

嫁はんがおかしなことを言う。さっそく料理にとりかかる。包丁を入れるごとに、

「う、うわっ」と嫁はんが叫ぶ。霜降りってこういうのを言うんやね。本当に霜が降りたみたいなサシが入っている。生で食べてみる。いけるいける。トロの刺し身に似ている。「たんや 舌」で食べた、たたきにチャレンジしてみる。フライパンではなかなかうまく焼けない。タレもうまく作れない。やはりプロと素人《しろうと》ではこうも違うものなのか。

気を取り直し、根元近くを薄くスライスして素早く焼いてみる。塩、こしょう、レモン汁をさっとふりかけて食べると、絶叫したくなった。焼くと適度に脂《あぶら》が抜け、上等のステーキに似た食感で柔らかく、かつ、味は実にあっさりしている。自分が一流の料理人であるかのよう

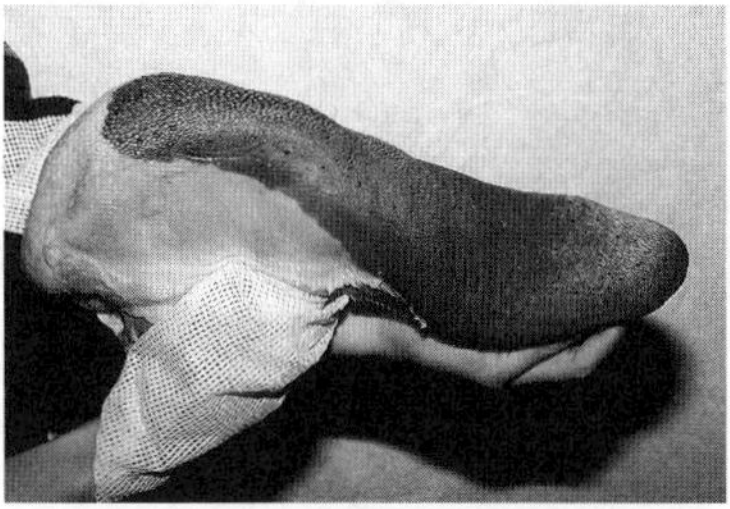

神戸ビーフのタン。味は申し分なし

に錯覚するタンである。

「すごい。これはすごいわー。あーっ！」

嫁はんが絶叫している。大丈夫か。

今度は、焼いた後、三杯酢に漬けて食べてみる。いやー、これもいけますわ。和牛はやっぱり、すんごい。嫁はんが久しぶりに幸せそうな顔をしている。うっすらと涙さえ浮かべている。

二食連続で和牛のタンを食べた。一キロ余りのタンが、たちまちなくなった。まず、編集者のO君におわびを。「冷凍して編集部に持っていくからね」と言ってたけど、ごめん、なくなった。だって、嫁はんがあんなに食べるとは思わなかったんだもん。ま、私もかなり食べたんですが。

送ってもらった和牛のタンの写真を、いろんな角度からパチパチ撮って現像に出した。買い物のついでに嫁はんが写真を取りに行ったら、店のおばちゃんが、「牛タン、私も好きやねん」と牛タン談義になったらしい。あまりにも話に熱中して、おばちゃんは精算を忘れそうになったとか。これまでのホルモンではそんなことなかったのに。

タンを追いかけてあらためて思った。タン、好かれてる。本当にいろんな料理、加工品がある。あんたはホルモンの王様やー。私の舌にも、いろんな場所で食べた数々のタンが鮮明に記憶されている。たぶん、再会するでしょう。幸せをありがとう。

エピローグ　旅の終わりに

日本でBSEが発生して一年後の二〇〇二年九月半ば。私は友人と焼肉の聖地、大阪・鶴橋にいた。この時点で発生頭数は五頭。かつて客が激減した一帯はどうなっているんだろう。そんなことを考えながら午後七時過ぎに目指す焼肉屋に行くと、店先には既に十人ほどが列をなしていた。私たちは二十分も待たなければならなかった。しかし、焼肉を食べる前のワクワク感もまた、たまらない人生のひとときである。私は友人とおしゃべりしながら、よかったなあ、こんなに客が戻って……と感慨をおぼえつつ、今日は何を食べようかなあと、遠足前日の子どもみたいにウキウキしていたのだった。店に入ると、濛々《もうもう》と上がる煙の中で、家族連れや若者たちが焼肉を頬張っている。

「生センちょうだい」

「すみませーん、もう品切れです。申し訳ないです」

店員が客の対応に追われている。座敷はトイレに行くにも足の踏み場がないほど人で埋まっていた。久しぶりの賑《にぎ》わいを見て、焼肉屋から客が消えたBSE騒ぎが嘘《うそ》のように思えた。

他の店はどうなんだろう。一頭目が出た直後、客の九割が減ったという、同じく鶴橋にある「ラッキー園」の大城成治さんに話を聞きに行った。

「客が帰ってきたのが半年後ぐらいかな。今はほとんど影響ないみたいや。四頭目、五頭目も、そない影響なかった。宴会も普段通りに予約入ってるよ。今日も予約二つくらい入ってる」

どうやら客は戻ってきているようだった。

「そやけど言えることは、今、日本は景気が悪い。そやから狂牛病の前よりも売り上げ悪いで。そらもう不景気や。政策が悪い」

そう言うと、大城さんの話題は、政府の経済政策に対する不満に変わった。BSE騒ぎは収まったものの、不景気は依然、変わらない。喜びも中くらいなり、といったところか。

それにしても、あの騒ぎは何だったのだろう。

「日本人て、けっこう熱しやすくて冷めやすい。何に関してもガーッと燃えるけど、パッと冷める。やっぱりマスコミの影響が大きかったね。テレビで牛が倒れるところ流れたやろ。しかもイギリスの牛や。そらあれ見たら怖いで」

大城さんは一年前と同じように、マスコミの影響力の大きさを繰り返し語った。時間が経つにつれ関連ニュースの扱いも小さくなっていった。いつものことである。熱しやすく冷めやすい——。その功と罪を、ＢＳＥ騒ぎは見事なまでに見せてくれた。焼肉屋に客が戻ったことは、私たちが変異型ヤコブ病にかかるリスクの低さから考えて、当然の結果ではあるが、ではあの騒ぎは一体なんだったんだろう、という疑念は残る。食の安全性を、生産者、行政、消費者がきちんと考えない限り、また同じような問題を繰り返すのではないか。

ＢＳＥ問題の発生後、政府が買い上げる際に輸入肉を国産牛と偽った偽装牛肉問題が起きた。その後、偽装は牛肉だけでなく、野菜、魚など食品全般にわたっておこなわれていることがわかった。奇《く》しくもＢＳＥ問題がきっかけになり、食品の安全性や表示を見直す機運が盛り上がったわけである。関東のホルモン事情とＢＳＥの取材でお世話になった日本大学生物資源科学部の早川治助教授は、相次ぐ食品の偽装問題の背景について次のように話す。

「特殊なものは別として豚とか鶏は、品種もエサも世界中どこへ行ってもほとんど同じなんですよ。質の優位性はあまりない。世界的に生産技術が統一されてきた。その背景は取引のグローバル化でしょうね。アメリカ人も霜降りの肉を好む人が出てきた。

アメリカ産、オーストラリア産の牛肉も日本人好みにつくられてきている。一方で多くの日本人もハンバーガーを食べてます。食のグローバリゼーションが進む中、いろんな作物、食べ物が地球の裏側からも来るわけですが、誰がどうやってつくったのか、消費者にはわからない。わかっているのはバイヤーだけ。

日本で作ってるとおおよその見当はつきます。作り手も消費者も外国産に比べたら身近にいるわけだからごまかすわけにはいかない。僕はしきりに〝地産地消《ちさんちしょう》〟を言ってる。地元のものを食べようと。僕が勤める大学がある神奈川県は、昔は純農村地帯だったわけですが、今も農家がいっぱい残ってる。食のグローバリゼーションが進む中で、安全で安心できる食べ物というのは、やっぱり地元のもの。それを自分で調理することですね」

焼肉業界も、事情は同じだ。安価な輸入ものが市場を席巻《せっけん》し、消費者はどこから来ているのかわからないものを食べている。屠場《とじょう》では、外食産業の進出やコストの問題で、段々捨てる部位が多くなってきている。「牛は鳴き声以外捨てるところはない」と言われ続けてきたが、それも今は昔の話になりつつある。そして、どんな部位でも料理してみせるホルモニストが少なくなった。屠場や郷土料理の取材を通じて、伝統的な食べ方や料理が失われつつあるのを実感し、これでいいのかな、という思いを強くした。

これまで見てきたように、ホルモンは、被差別部落や在日韓国・朝鮮人との結びつきが強い。海外に目を向けても、奴隷《どれい》や移民の歴史とも重なってくる。マイノリティによって工夫された料理が失われるということは、ひとつの文化の死滅を意味する。食の安全性や表示に加えて、今一度、身近な素材に手間をかけて作り上げてきた郷土料理を見直す必要があるのではないか。各地のホルモンの取材を終え、そんなことを痛感した。

伝統料理の死滅は、本物を味わう機会が失われていることでもある。輸入物ばかりを食べていると新鮮なホルモンの味わいがわからない。今回の取材で、「私、ホルモン苦手やねん」と言う人が、新鮮なホルモンを口にして〝転向〟する場面に何度も立ち会った。地元で屠畜された肉やホルモンがどれだけ美味しいか、知らない人が多い。加えてホルモンに偏見をもっている人も少なくない。本物に出会っていないからだ。

しかしそれもまた、見映えやにおいを気にしたり、食材は安ければいい、料理に手間をかけるのは面倒、自分の食べているものがどこから来ているのかわからない、という日本の食事情を端的に現している。

「人間が食べているものは何でも食べてみたい」という、恐るべき食のフィールドワーカー、国立民族学博物館名誉教授の周達生先生は、食と偏見について次のように語る。

「人間はホモサピエンスという種は同じであるけど、あるところでは食べているが、他のところではあっても食べないということがある。食べ物に対する価値が地域によって違うわけです。つまり私たちは文化を食べているわけです。自分の文化に属さないものは気持ち悪い、あるいはゲテモノと毛嫌いする。これはけしからんですね」

まったくその通りである。どんなものにも極力偏見を持たずに口にしてみることが必要だと私は思う。「私はこれまで食べてきたものをこれからも食べるつもりやねん。口にしたことないのは食べたくないねん」という人がいても一向にかまわない。人には好き嫌いがある（私にはないけど）。ただ、偏見をもたないでもらいたい、ということである。

ホルモンは部位によっては、肉屋やスーパー、市場で買うと、驚くほど安い。私はついこの間も鶴橋の市場で牛の心臓を丸ごと買って帰り、家で焼いて食べた。こんなうまいのが、なんでこんな安いねん。私は踊りだしたい気分だった。注目されんうちにせっせと食べとこう、と決意した。ホルモン各種は、焼肉屋でポピュラーになったとはいうものの、まだまだ食わず嫌いの人が多い。

取材および私生活で、かなりの種類と量のホルモンを口にしてきた。その中で一番おいしかったのは？　と問われれば、素材や調理法にこだわった店の料理であり、各地の部落に伝わるホルモン料理の数々である。生き物を無駄にせず、なおかつ工夫することによって、偏見をもたれがちなホルモンを見事な料理に変身させる地元の人たち。それらの料理の数々に、生きててよかったと、心底感動したものだった。しかし、それらの食文化は一般的にいって、あまり知られていない。ぜひとも多くの人に知ってもらいたい。そして代々受け継いでもらいたい。

日本の食文化が先細りする中で、元祖ホルモニストにして世界的なホルモン・キング、平山富幸さんに出会えたのは僥倖《ぎょうこう》であった。彼の豊富な知識と実践にはいつも舌を巻いた。そして本物を味わわせてくれたのも、このホルモニストだった。恒例のホルモンパーティーで、「うん？　これはこれまで食べたことがない味だぞ」と思ったことが幾度かあった。よき指導者に恵まれるのもホルモン道を極めるには大切なことだ。もっとも「食べとるか？　もっと食べなあかんがな。まだまだあるでー」というホルモニストの「食べとるか」攻勢に閉口することもたびたびあったが……。まあそれも、今から考えれば贅沢《ぜいたく》な悩みではある。

近畿地方を中心に南は沖縄から北は仙台、さらに海を越えて韓国やアメリカ、イタリアまで足を伸ばして「ホルモンの旅」を続けてきた。取材を通して見えてきたのは、ホルモン料理の多様さと、食肉産業、とりわけホルモンに関係する人々の人間的な魅力だった。みんな、何かしらこだわりがある、情熱的な人が多かった。ホルモン好きに悪い人はいない、ホルモン好きは熱い人が多い、というのが二年にわたり取材を続けてきた私の結論である。もちろん、わたくし、ホルモン奉行を含めて(笑)。

長い旅も終わりに近づいた。そろそろ「ホルモン奉行」の暖簾《のれん》を下ろすときがきたようだ。

ではまた、焼肉屋でお会いしましょう。

主要参考文献

『食肉の部落史』（のびしょうじ、明石書店）
『差別　その根源を問う　下』（野間宏、安岡章太郎編、朝日選書）
『食べて知る韓国』（柳尚熙、毎日新聞社）
『明治事物起原8』（石井研堂、ちくま学芸文庫）
『部落の女医』（小林綾、岩波新書）
『焼肉の文化史』（佐々木道雄、明石書店）
『コリアン世界の旅』（野村進、講談社）
『人間は何を食べてきたか』（NHK取材班、日本放送出版協会）
『分裂の前夜』（山口圭、部落問題研究所）
『カレーライスの誕生』（小菅桂子、講談社選書メチエ）
『文人悪食』（嵐山光三郎、新潮文庫）
『どっちがうまい!?　東京と大阪・「味」のなるほど比較事典』（前垣和義、PHP文庫）
『日本人と食肉』（財団法人　日本食肉消費総合センター）
「週刊新潮」二〇〇二年十一月二十三日号
　「塩田丸男の『いのちの「食」訪問』肥後『大津』の馬肉」（新潮社）
『日本の食風土記』（市川健夫、白水社）

『屠場文化』（桜井厚、岸衛編、創土社）
『焼肉の掟』（松岡大悟＋コリアンワークス、知恵の森文庫）
「熊本ハイカラ」二〇〇一年六月号（熊本ハイカラ）
『秋田マタギ聞書』（武藤鉄城、慶友社）
『The Japan We Never Knew』（David Suzuki, Keibo Oiwa, Stoddart）
『向野食肉産業百年史』（向野地域産業と歴史研究会）
『「馬の油」の成分に凄い薬効があった』（木下繁太朗、主婦と生活社）
『馬を食う』（植竹伸太郎、銀河書房）
『アフリカを食べる』（松本仁一、朝日文庫）
『中国食探検』（周達生、平凡社）
『マルコムX自伝』（マルコムX、アレックス・ヘイリィ、浜本武雄訳、河出書房新社）
『アメリカ食文化』（ダナ・R・ガバッチア、伊藤茂訳、青土社）
『ザンジバルの笛』（富永智津子、未來社）
『ニューヨークエスニックフード記』（禪野靖司、ＮＴＴ出版）
『別冊宝島ＥＸ　黒人学・入門』（宝島社）
『犬の日本史』（谷口研語、ＰＨＰ新書）
『タイの屋台図鑑』（岡本麻里、情報センター出版局）
『Ｂ級グルメが見た韓国』（文藝春秋編、文春文庫ビジュアル版）

『食のリスクを問いなおす』（池田正行、ちくま新書）
『「狂牛病」どう立ち向かうか』（矢吹寿秀、ＮＨＫ「狂牛病」取材班、日本放送出版協会）
『高等学校　琉球《りゅうきゅう》沖縄史』（新城俊昭・沖縄歴史教育研究会）
『沖縄大百科事典』（沖縄大百科事典事務局、沖縄タイムス社）
『うちなーぐち死語コレクション』（青山洋二監修、新垣光男編著、郷土出版）
『決定版　沖縄の誘惑』（文藝春秋編、文春文庫ビジュアル版）
『仙台牛たん焼き物語』（井上英子、河北新報社）
『もう牛を食べても安心か』（福岡伸一、文春新書）
『プリオン説はほんとうか？』（福岡伸一、講談社ブルーバックス）
『ＢＳＥ禍はこれからが本番だ』（響堂新、洋泉社新書ｙ）
『牛丼　焼き鳥　アガリクス』（中村靖彦、文春新書）
『食のリスク学』（中西準子、日本評論社）
『焼肉手帳』（東京書籍出版編集部、東京書籍）
『平成19年　畜産物流通統計』（農林水産省統計部編）
『日本食肉年鑑』（食肉通信社）
『２００９　数字でみる食肉産業』（食肉通信社）

取材協力者（敬称略）

山本義彦／鄭大聲／姜正順／崔忠植／臼井寿光／平山富幸／角岡和子／角岡一寛／塩谷幸子／飯野靖子／辻美弥子／長谷川靖子／垣外中文子／山岡奈智子／玉田佐千子／玉田崇二／小西英夫／森本喜代貴／柳志煥／伏原淳仁／榊原泰嗣／宮本正人／松本健／五十嵐文人／秋定嘉和／山脇史子／佐藤勉／早川治／鈴木豊子／玉城利則／渕井貴一／原田秀夫／山口裕子／松竹典子／松浦幸雄／城間哲雄／坂口明男／栃木裕／吉田隆穂／中村徹／尾崎幹／太田恭治／浅居明彦／角岡賢一／吉本洋一／吉本千世／前田昌壱／高見弘／木村毅彦／山本孝雄／西尾幸晴／高良成年／藤井滋登／割石忠典／碓井一廣／河井稔／山下彰人／亀岡哲也／小川寿／松本しのぶ／高橋康志／成田充弘／脇田学／音野修平／竹村仁孝／竹村キヨ子／冨田芳秋／西堀勝／岡田敬吉／谷川常松／小林一成／北村美津代／小島学／辻智彦／川添微／三輪千都／加茂英司／デイビッド・モス／サム・ハインリッヒ／富永夏子／宮沢之祐／住寄晶子／多井みゆき／木下幸治／加藤朋子／炭田絵美奈／河合鉱造／周達生／杉山道雄／田敏棋／金鐘燮／竹中隆一／徐潤純／伊東憲昭／谷川勝義／大城成治／中尾政国／福本敏之／平井徳光／山下實／島袋正敏／仲間恵子／安富祖誠／赤嶺一富／木下登之／伊禮判／照屋和子／真喜屋光子／田港トシ／井上英子／大川原潔／西村一男／小野博康／西沢ひろふみ／香川泰一／堀修士／徳江覚／佐野八勇／中野将男／本田洋一／吉田弘樹／向井邦明／河野尊／山内政夫

協力団体

大津と畜場（現在は滋賀食肉センター）／大阪あべの辻調理師専門学校／金海畜産物共販場／加古川食肉センター／兵庫県食肉衛生検査センター／加古川食肉産業協同組合／南大阪食肉市場株式会社／羽曳野市立南食ミートセンター

◆焼き肉「むら瀬」
京都市伏見区竹田浄菩提院町150
TEL：075-622-5368　定休：木曜

油かす・さいぼし

◆「肉のむらかみ」
大阪府松原市河合5-206
TEL：0723-30-1129　年中無休（正月除く）

◆星輝総合食品
大阪市東住吉区矢田3-9-3
TEL：06-6697-5029　定休：月曜　※取り寄せ可

◆向野食肉産業後継者の会
大阪府羽曳野市向野2-8-2
TEL：072-930-5430　※取り寄せ可。ただし、油かすは取り扱っていません。

牛タン料理

◆味の牛たん「喜助」駅前中央店
仙台市青葉区中央2-1-27　エバーアイビル3階
TEL：022-265-2080
※取り寄せ可→キスケフーズ　フリーダイヤル0120-399107

◆「伊達の牛たん本舗」本社
仙台市青葉区中央4-10-11
TEL：022-722-5225　※取り寄せ可

◆「たんや　舌《べろ》」
大阪市北区大淀中1-1-90　梅田スカイビル地下1階滝見小路12
TEL：06-6440-5966　定休：月曜

アクセス・トゥー・ホルモン

◆「ふしはら」
大阪府堺市美原区小平尾726－5
TEL：072-363-0141　定休：木曜

◆肉割烹「安参」
京都市東山区祇園町北側347
TEL：075-541-9666　定休：日曜・祝日

◆「肉道楽　西むら」
三重県松阪市宮町261
TEL：0598-23-4129　定休：月曜

◆「千田」
長野県伊那市日の出町4883
TEL：0265-78-4547　定休：日曜

◆馬肉料理専門店「ホース」
大阪市中央区東心斎橋2-3-12
TEL：06-6212-2663　定休：日曜・祝日

◆猪肉専門店「山おやじ」
奈良県宇陀郡御杖村菅野3447
TEL：0745-95-2251　※要予約。必ずお電話下さい。

◆お好み焼き「山本まんぼ」
京都市下京区下之町56-21-103
TEL：075-341-8050　定休：木・金曜

◆「みのりや」（旧「さつえ」）
滋賀県近江八幡市出町414-5　フラワー1番館1F
TEL：0748-32-0331　定休：日曜、土・祝日のお昼の営業

あとがき

世は、ホルモン・ブームである。

私は「ホルモン奉行」を名乗っているから、この言葉には人一倍、敏感である。町を歩けば、「ホルモン」の言葉が入った看板を頻繁に見かけるようになった。雑誌やテレビ番組でも特集が組まれている。なんでも、若い女性にもホルモンは人気があるのだそうだ。この取材を始めた二〇〇〇年ごろには、焼肉屋には若い女性がほとんどいなかったので、ちょっとびっくりしている。

ホルモン奉行の私にも、各メディアからときどきお声がかかる。BS放送でホルモン好きのアイドルと対談しないかという話もあったし、NHKや民放からも出演依頼が来た。しかし、そもそも偏屈で天《あま》の邪鬼《じゃく》な私は、流行《はや》りもの、ブームには冷ややかである。

ホルモン・ブームの中で、よく見聞きするのは「健康」や「美容」という言葉である。大阪にある民放テレビ局の出演依頼は「どの部位がコラーゲンたっぷりか、番組でズバリ言ってください！」というものだった。知るか、そんなもん！　コラーゲンだけ食っとけ、と言いたかったけど、気が小さくて声には出せなかった。「栄養学の先生の方がいいと思いますよ」と言って出演はお断りした。

奉行は思うのだ。「コラーゲンたっぷり」とか「お肌にいい」とかは、業界の謳《うた》い文句ではないのか。企業の宣伝によくある「環境にやさしい○○」と一緒で、私は業界のお先棒はかつぎたくない。健康や美容を考えて、ホルモンを食べているわけではないのである。しかも、ついこの前まで、狂牛病だ、えらいこっちゃと騒いでいたのは、どこの国だ？　あの時、焼肉屋はガラガラだった。メディアも消費者も、あの騒ぎをきれいさっぱり忘れちまったのだろうか？

でもまあ奉行としては、ホルモン・ブームがうれしくないわけではない。『ホルモン奉行』の単行本が出てから、ホルモンを使った料理講座の講師として各地に呼ばれるようになった。近畿地方はもとより、関東・甲信越や九州にも行った。現在のホルモン・ブームは、奉行の地道な普及活動が実を結んだのである……これはちょっと言い過ぎたかな。

昨今のホルモン・ブームがどんなものであるのか。奉行はお忍びで、城下を一人で視察することにした。

派手な内装でチェーン展開している焼肉店が前から気になっていた。大阪市内のとある店に入った。午後七時、七、八組の二十代、三十代の若者が四人掛けのテーブルで七輪を囲んでいる。客の半分は若い女性、あとは男子学生とサラリーマンである。各テーブル間には周囲に仕切りがあって、個室みたいになっている。一人で入っても目立たない。お忍びにはもってこいだ。ジャズが流れている。雰囲気は悪くない。

さっそくメニューを見る。飲み物は、ソフトドリンクからカクテルまであって、かなり揃えている。なになに、なんか書いてあるぞ……。

＜ホルモンは赤肉と比較してカロリーも低くヘルシーなのに栄養素が豊富に含まれている＞

ほう、そうでっか。後は例によって「美容」に「健康」、「女性を中心に今大変注目されています」と能書きが続く。奉行も注目しとるよー。

三百円から六百円前後のホルモン各種を十品ほど注文する。ちょっと頼み過ぎたかなーと思ったが、各皿の量が大人の男の指二、三本分くらいなのでへっちゃらだった。量が少ないから、低価格で出せるわけである。

さて、肝心の味は……牛、豚とも輸入物でしょうね。「新鮮ホルモン」と店は謳《うた》ってはいるが、新鮮なそれが持つ濃厚な味がしない。味の輪郭があいまいで、視力にたとえるなら、度が合わない眼鏡で景色を眺めているようだ。メニューには「タン」と書いてあるが、よく見ると豚の絵が小さく印刷されている。メニューにある二十三品のうち、十三品が豚だった。だから安いんだけど、国産の豚だったらもっと美味《うま》いはずなんだけどなあ……。最後のユッケを食べて店を出たら、だんだん化学調味料の味が口の中に広がってきた。どこかで飲み直さなあかんがな。ブームとはいえ、これではねえ……。

店も増えて確かにホルモンは以前より食べられるようになった。ただ、日本の牛や豚の屠畜《とちく》数はさほど変わってはいない。需要に対応するため、輸入ものを増やしているのである。

『２００９　日本食肉年鑑』（食肉通信社）によると、「臓器・舌輸入量」は〇四年が二万六〇〇〇トンであったのが、〇八年には三万五〇〇〇トンにまで増えている。

ホルモンが赤身の肉と違い、新鮮なものほど味わいがあるのは本書で述べたとおりである。さほど美味《おい》しくないけど安いものを食べるか、少々値は張っても満足するものを口にするかは、財布の中身と生き方の問題である。

ただ、お節介を承知で言うと、食べ物であれ音楽や文学であれ、よりいいものを探求することは人生において意味あることだと私は思う。奉行は手持ちが少なくても、まずいものは食べたくない。財布の中身が心配であれば、いい肉屋を見つけることだ。

店で食べるほど高くはないし、自分で料理をすれば、中途半端な店より美味しく食べることができる。そんな時、本書がその参考になれば、ホルモン奉行冥利《みょうり》に尽きる。

本書は月刊誌『部落解放』(解放出版社)に同名のタイトルで二〇〇一年から十二回にわたって連載したものが元になっている。取材に協力いただいた方々の肩書や料理の値段などは、基本的に雑誌連載時のものであることをお断りしておきたい。

雑誌の連載が単行本になって以降、取材でお世話になった方の何人かが亡《な》くなられた。本書で一番数多く登場し、ホルモンにかける情熱では他の追随を許さなかった世界的なホルモニスト、平山富幸さんが数年前に肺ガンで亡くなられた。世界はかけがえのない人を失った。私はこの前入った焼肉チェーン店で、ひとりごちていた。

「こんなん出したら、平山さん怒るでー。自分で持ってきて焼くよー」

「釜山《プサン》で食べた小腸は、本当に美味しかったですねー、ねえ平山さん……」

呼びかけても、ホルモニストはもうこの世にはいない。毎日おこなわれていたホルモンパーティーは、主を失ってから開かれていない。でも、平山さんのことだから、天国で(地獄かな?)、恒例のパーティーを連日開催しているに違いない。

『たんや 舌《べろ》』の中野将男さん、『むら瀬』の小西英夫さんも他界された。それぞれの料理人の味と言葉を思い浮かべながら、ご冥福《めいふく》をお祈りしたい。

最後に取材に協力を惜しまなかった皆さん、雑誌の連載と単行本を担当していただいた編集者の小西利枝さん、文庫本の編集担当者の大島有美子さん、本書より濃厚な味付けの解説を書いてくださった趙博さん、そして最後まで読んでいただいた読者に感謝申し上げたい。

二〇一〇年四月

ホルモン奉行　角岡伸彦

ホルモニスト宣言 ——解説にかえて——

趙《ちょう》 博《ばく》

1

「ホルモン料理」がこれだけ一般化し、日本の食生活と食文化に不可欠の地位を占めているにもかかわらず、その系統的な歴史認識も、体系的な知識と共通理解も存在しない現状にあって、ホルモンの実態を自分の脚と舌で追いかけた本書は「日本初のホルモン社会学本」であると定義してもよいだろう。本文で使用される「ホルモン度数」「ホルモニスト」という語は、もちろん著者の造語なのだが、その含蓄の広がりと深まりが各章の神髄を成していて、実に興味深い。「ホルモン度数」とは、食に占めるホルモン文化の指標であり、「ホルモニスト」は、その文化の担《にな》い手だ。だから、この二つのキーワードが日本語としてもっと広く定着して、一般名詞になってほしいと切に望むしだいである。

ところが、「ホルモン鍋」は「スキヤキ」と同格ではない。もし「スキヤキ度」「スキヤキスト」という用語を使えば奇異に感じられるだろう。それは、スキヤキがメインストリーム（主流）文化に属していて、あえて文化的指標やその担い手を強調する必要がないからだ。一方「ホルモン」は、今や確かに一般生活の中に浸透してはいるのだが、元々マイノリティの食べ物である。「被差別部落や在日韓国・朝鮮人との結びつきが強い。海外に目を向けても、奴隷や移民の歴史とも重なってくる。」（P.355）「ホルモン」は、あくまでサブカルチャー（下位）的位相にある。その位相を「被差別部落と一般地区」「日本と世界」に拡げて俯瞰《ふかん》してみせた本書は、「ホルモン啓蒙の書」の役割も立派に果たしている。

2

ホルモンの語源を関西弁の「放《ほ》るもん（物）」に求めてきた旧説は、実に文学的で面白いのだが、一九四一年に「ホルモン煮」の登録商標があったという史実からしてそれは正しくないことが証明された。しかし、内分泌腺《ないぶんぴつせん》から出るホルモン（Hormon/hormone）に滋養強壮を連想して、牛・豚などの内臓肉をホルモンと称し、それがまた「放るもん」に繋《つな》がったという変遷は、まさにサブカル的ではないか。しかも関西弁の音韻に乗っかって定着したと考えるのが妥当で、「働くとは、傍《はた》を楽《らく》にさせることや」という語呂合わせに相似している。関西弁の「放るもん」が「ホルモン」になったのではなく、食材のイメージが「ホルモン（＝放るもん）」という関西弁を生み出したと言い換えるべきだろう。「いずれにしても〈日本人は食べなかった〉、〈放るもんだった〉〈掘るもんだった〉というのは正確ではない。（中略）どの部位も、昔からけっこう食べられているからである。」（P.28）

「ホルモン焼き」だけではなく、本書で紹介されている「すーあえ」「煮こごり」「ドロ」「ホルモン雑炊」「サイボシ」「油かす」等々の料理、また、牛・豚・猪《いのしし》・馬・熊《くま》の様々な部位の紹介は、ホルモニスト・角岡伸彦の愛情の深さに裏打ちされている。

「生き物を無駄にせず、なおかつ工夫することによって、偏見をもたれがちなホルモンを見事な料理に変身させる地元の人たち」（P.357）をこよなく愛し、おまけに、ヨーロッパ、アメリカ、韓国にまで飛んだ〝奉行〟は、自他共に認める「変なオッサン」だ。その「変さ値」があってこそ、ホルモン度数は高揚する。「ホルモン料理の多様さと、食肉産業、とりわけホルモンに関係する人々の人間的な魅力」（P.358）に取り憑《つ》かれた結果、「ホルモン好きに悪い人はいない、ホルモン好きは熱い人が多い」（P.358）との結論を得た奉行の裁定には「好奇心と想像力に欠ける人間はホルモニストにはなれない」と謳《うた》われているのである。読者諸氏は、文字通り「レバー(肝)」に銘じよ。

3

さて、「解説」には相応《ふさわ》しくないかも知れないが、僕もここで少しだけ蘊蓄《うんちく》を垂れて「ホルモニスト宣言」をしておきたい。
(a)自身の記憶に初出するホルモンは、何といっても「ミノのお汁《つゆ》」だ。因《ちな》みに「お汁」は「オツイ」と発音する。この音韻区域が何処《どこ》までなのか、科学的根拠がないので少なくとも「僕が生まれ育った大阪市西成区鶴見橋北通りでは」と但《ただ》し書きを付けておく。鶴見橋商店街とその周辺にはホルモン専門店が何軒もあって、必ず「油かす」が売られていた。朝、婆《ばあ》さんが固いミノとコリコリを仕入れてくる(「ミノとコリコリって何」だって? 本文を読んでんか……)。このミノは、およそ煮ても焼いても固すぎる代物で最安値なのだろう。かんてき(七輪)に火をおこして、夕方まで、アクを取りながらひたすら煮る。晩ご飯に、塩と刻み葱《ねぎ》を入れていただく。透き通ったスープの妙味が、今も脳裏に焼き付いて離れない。出汁《だし》をとらなくても、塩だけで味が見事に変わるというのは蛋白質《たんぱくしつ》のなせる技だろうか? 豆乳を温めて少し塩を入れると「ミノのオツイ」の味に酷似するのだ。

(b)「喉笛《のどぶえ》」は40㎝はあっただろうか、牛の気管を買ってきて包丁でひたすら叩《たた》く……今、焼き肉屋で売られている「ウルテ」である。婆さんは焼くのではなく、砂糖・醤油《しょうゆ》・ごま油で甘辛く煮込んでくれた。冷えると白く脂がつくので、取って食べたものである。

(c)牛の肺(フク)は、グラム三〇円、約一kgの片肺が三百円で買える。「肺」は韓国語で폐[P'yie]あるいは허파[ho-p'a]なのだが、ホルモンの肺は「フッペ」と言う(「在日語」か?)。僕が今住んでいる生野区旧猪飼野では「プップギ」ともいう(済州島方言?)。ホルモンの煮込みは、関東では小腸が多いが関西では圧倒的に「テッチャンとフッペ」である。鶴見橋の肉屋では、コロッケなどの揚げ物と一緒に、必ず「ホルモン焼き」を売っていたが、これまた「テッチャンとフッペ」なのだ。特製タレで味付けしたアツアツを買い食いするのは贅沢《ぜいたく》至極だった。「フッペの唐揚げ」を「いち揚げ」と称して出している店もある。「肺」の「市」の字をもじっているのだ。何とも粋《いき》ではないか。浪速区、通天閣へ通じるジャンジャン町界隈《かいわい》の「ホルモンうどん」の店では、寸胴に大量の「テッチャンとフッペ」を煮込んで、うどん・そば・焼きそばなどの具にする、豆腐と一緒に煮込んで「ホルモン豆腐」に、そのまま

「ホルモン煮」で、と複数のバリエーションに変身する。「ホルモンうどん」の店で泡盛と沖縄料理も出すところがあるのだが、ウチナーンチュ（沖縄出身者）が代々経営しているのだ。

(d)牛の脳の刺身は、韓国語で골치회［kol-ch'ï-hoe］という。회［hoe］は刺身の意味で、因《ちな》みに「ユッケ」は「肉육［yuk］」の「刺身회［hoe］」である。「頭」は머리［mori］だが、卑語として대가리［taegari］があり、さらに골치［kol-ch'ï］ともいう。だから、牛の脳の刺身골치회［kol-ch'ï-hoe］は、さしずめ「ドタマの刺身」といったところ（紙数の関係で以下省略）。

＊　＊　＊

4

さて、僕と奉行との邂逅《かいこう》は、二〇〇五年一月「ピースボート（PB）」の船内だった。PBには「水先案内人」という様々な講師が乗り込んでいて、船内と寄港地で多数の講座やワークショップ、フィールドワーク、イベント等を行う。僕はラバウルから神戸まで十日間の乗船だったが、奉行はかなり前から乗り込んでいたようだ。まったく予定にはなかったのに、偶然「この両人が水先案内人としている」ことに気付いたスタッフが『ニッポンて何やねん？　ホルモンから世界が見えるか』というトークショーを企画して、厳《いか》つくも〝濃いぃ〜〟関西人二人が来日に身を晒《さら》した。この時、若者は「ホルモン」を食してはいるものの「ホルモン度数」がまったく高くない、つまり心の根っこに「ホルモン文化」が存在していないことに気付いたのである。それは、僕らにとっては何気ない関西弁が「どぎついけど面白い」と伝わってしまうことにも象徴されていた。「カムイに学びチエちゃんのように生きんかい！」と、二人のホルモン大使は吠《ほ》えた。

　神戸港で下船したその日の夕方、我々は「ホルモン&串《くし》カツ・ジャンジャン町ツアー」を敢行、船で仲良くなった人々やその他の仲間約二〇人が、まず『丸徳』で煮込みホルモンのフルコース、次に『越源』で串カツ三昧……船旅で下降しかけていた「ホルモン度数」を一気に上げたのだった。

　ところで、ジャンジャン町界隈のホルモンは「煮込み」か「鉄板焼き」が多いが、鶴橋周辺は何といっても「焼き肉」と「串焼き」が主流である。これはエスニシティの差異から生じる文化的温度差だろうか？　いずれにせよ、戦後直後にホルモンの串焼きが人気を博したのは、焼き鳥よりも安かったからだそうだ。『じゃりん子・チエ』が焼いていた、あの「ホルモン串」である。「煮込み」「焼き（炭と鉄板双方）」「串焼き」「串揚げ」「生」「和《あ》え物」「天プラ」「燻製《くんせい》」、ホルモンは調理方法でもバリエーション豊かなのである。その中でも特に「串文化」には、独自の領域があるような気がする。もし本書の次作が出来るなら、是非「串カツ編」をお願いしたい。大阪（少なくともジャンジャン町）では、「ホルモン・串カツ」が同列なのだから——。

「ホルモン料理は、日常・非日常の風景や思い出がいっぱいつまった在日韓国・朝鮮人の文化であり、部落の原風景でもある。」(P.55) それが一般社会にも広がり、今やその出自を嫌ったり、料理そのものを排除する人などいない。「美味《おい》しい」ということは「楽しい」ということである。即ち、心が沈んでいればどんな高級料理も美味しくない（＝楽しくない）し、心が晴れていれば質素な食事でも美味しい（＝楽しい）——人と人の繋がりと関係性にも、同じことが言える。ホルモニストはヒューマニストであってけっしてエゴイストではない。美味しい関係の中で楽しく豊かに生きたいからだ。ホルモニストは高らかに宣言する……「貧しくてもいい、美味しく食べたい、楽しく味わいたい、ホルモンも、人間も！」と。

（二〇一〇年四月、ミュージシャン・歌劇派芸人　http://www.fanto.org）

この作品は二〇〇三年六月、解放出版社より刊行された。

ホルモン奉行《ぶぎょう》

新潮文庫　か-56-1

平成二十二年五月一日発行

著者　角《かど》岡《おか》伸《のぶ》彦《ひこ》

発行者　佐藤隆信

発行所　株式会社新潮社

郵便番号　一六二―八七一一
東京都新宿区矢来町七一
電話　編集部(〇三)三二六六―五四四〇
　　　読者係(〇三)三二六六―五一一一
http://www.shinchosha.co.jp

価格はカバーに表示してあります。

乱丁・落丁本は、ご面倒ですが小社読者係宛ご送付ください。送料小社負担にてお取替えいたします。

印刷・株式会社加藤文明社　製本・憲専堂製本株式会社

ISBN978-4-10-132671-9 C0136